從殯葬服務的角度
探討道教做七的科儀問題

Exploring the Rituals Issues of Taoist "Zua Ci" from
the Perspective of Funeral Service

鄭茂祥◎著

尉遲序

　　在殯葬事務的處理上，我們都知道過去的主要處理方式之一，就是禮俗加上道教做七科儀。如果家屬在親人死亡之後的喪事處理上沒有這樣做，那麼就會被批評為不孝。如果家屬不希望自己遭受此一批評，那麼在親人死後喪事的處理上，就必須按照此一處理方式處理。可是隨著簡化思潮的來襲，不僅禮俗的部分被簡化，做七科儀的部分一樣也被簡化，有的只做頭尾七，有的做個總七，有的連七都不做，有關不孝的批評愈來愈不在意。問題是，這樣的簡化結果會不會影響我們與親人的關係，其實是很令人憂心的。

　　如今，鄭茂祥先生將其對此一問題研究的成果公諸於世，透過出版的方式，讓世人瞭解此一簡化的結果所造成的問題。此外，經過對此一問題的探究，瞭解其中所含藏的問題，並進一步思考如何解決的問題。對他而言，他深知此一問題的關鍵在於科學認知的普及，使得在殯葬處理上，做七科儀不得不遭受簡化或取消的命運。不過，科學是否具有如此的資格，是值得進一步反思的。既然如此，在瞭解科學的局限之後，我們自然可以為做七科儀找到可能的出路，也能使家屬善盡他們的孝心，幫助親人在死後地府的際遇上，可以比較順利地通過，而且在投胎轉世時，可以擁有比較好的下一世。

　　在本書即將出版之前，很榮幸有機會為他寫推薦序，希望藉由這本書的出版喚醒世人，如果他們在意親人的死後際遇，也希望親人在投胎轉世時能夠擁有比較好的下一世，那麼就可以參考這本書的說法與建議。或許在參考之後不僅自己可以善盡孝道、幫助親人，也可以使親人擁有一個更好的未來。對於在意親人死後際遇的家屬，希望自己的孝順

從殯葬服務的角度探討道教做七的科儀問題

可以幫到親人改善他們的死後際遇,甚至讓他們在投胎轉世時擁有比較好的下一世,個人推薦這本書做為參考!

輔仁大學哲學博士
中華殯葬教育學會理事長
華人道教教學研究發展及教育學會理事長

尉遲淦 謹識

李　序

羅　序

　　《論語・學而》云：「慎終追遠，民德歸厚矣。」明確揭櫫對於往生者的送終之禮，應敬慎行之，更須虔誠追思遠祖胼手胝足開創基業之艱難，功德恩被後代，子孫當緬懷祖先，秉持祖訓，安分守己，行事不可有辱先人，以期顯耀祖宗，若能人人遵奉，民情風俗自然歸於厚道。《禮記・婚義》亦云：「夫禮始於冠，本於婚，重於喪祭……」古人對於喪祭禮儀的重視可見一斑，除了「死生大矣」，慎終追遠尤以倫理孝道為精神內涵，此乃百善之源，為人處事不忘本的根基。

　　現代科技蓬勃發展、進步便捷，然而虛擬世界的互動模式與緊促的生活步調，讓人心惶惶且對於未來充滿不確定性的疑惑逐漸加深，造成心靈長期的困頓與枯竭；古大德以高深的智慧，順應天地運行自然之勢，以達「天人相應」境界，並以高深的道德修養感化群眾。《周易・象》云：「天行健，君子以自強不息」以及「地勢坤，君子以厚德載物」，意指天體運行周而復始，君子應效法於天，剛健奮進，永不停息；又大地孕育萬物，博大精深，君子應效法大地之德，養深積厚，容載萬物。此即「效法天地之德，參贊天地之化育」的旨趣，《莊子・齊物論》：「天地與我並生，而萬物與我為一」，強調生命必須經由生活中的實踐體證，進而開顯境界。我們應該體悟古大德的深湛智慧，效法自然大道之妙義，作為日常行為準則，如同寒來暑往，冬去春來，自然而然。

　　茂祥道長從殯葬服務的角度，探討道教做七的科儀問題，對現行臺灣的喪祭之禮深入淺出的闡述研究，使民眾對於殯葬服務有了具體的理解，同時開掘出天地人新的探索方向，尤其透過宗教信仰的祈福、祭

祀、喜喪等科儀，傳達人與神、天地之間的相互信實，更藉由敬天崇德的提倡，陶養誠意正心，使生者心安，亡者靈安，在人們面臨死生大事之際，提供內心歇息與療癒的良方。喜聞茂祥道長研究論文付梓刊行之際，聊以數語，表達最誠摯祝福。

社團法人中華民國服務利他促進會創會會長
財團法人德金利他教育基金會執行長

羅榮乾 謹識

李　序

　　鄙人為苗栗海線出身，出社會後服務的地點包括臺北與原臺中市區。從民間傳統的現象而言，都是臺灣道教「作紅不作黑」的區域。因此，對於道教喪葬方面的儀式，向來較少涉獵。後來由於信奉　都城隍尊神，並蒙神師　報恩教主指引，以及鄙人姓氏的多重因素，自覺應當增進對道教各方面的認識。

　　於是，遂報名總廟三清宮的研習營，成為玄門弟子。在研習過程中，經由吳師大斯真人、徐師福全教授分別講授道教喪葬儀式的學理與實務，透過二位師長的教導，使鄙人補充以往較缺乏的知識。

　　近年，鄙人結識鄭茂祥先生，在幾次交談中，得知他信奉　玄帝，並受業於尉遲淦教授門下，進修相關知能。本月初，鄭先生告知，其新書即將出版，邀請鄙人作序。由於適逢本廟二月觀音大士法會的前置作業較為忙碌，在盛情難卻下，只能在午休時間拜讀大作。在閱讀書稿後，鄙人得知，鄭先生這本大作，是他就讀尼加拉瓜太平洋大學殯葬事業管理研究所時，透過訪談三位道長、兩位殯葬學者、兩位殯葬業者與一位家屬後撰寫完成的學位論文。

　　從鄭先生訪談的內容中，可以得知其做七科儀屬於南部道壇的形式，部分與研習課程中徐師講授的內容略同，而與吳師講授的差異極大。鄙人因而詢問教內同玄，得知徐師曾受業於祖籍涼州府跪溪縣的陳鼎歷真人，而吳師則是閭垣斗堂張宏行真人的再傳弟子，地域、宗派都不相同，所以在做七方面，有很大的差異。因此，透過閱讀鄭先生的大作，不僅使鄙人回憶當年研習時二位師長的教導，也增添對於南部道壇

從殯葬服務的角度探討道教做七的科儀問題

在做七科儀方面的認識。適逢付梓在即，謹祝願鄭先生此次大作出版圓滿成功。

閩垣霞府斗堂受職弟子

李啟凱　謹序於元超虛真靖

道曆四七二二年乙巳歲二月上游

自　序

　　作爲道教成員之一，身爲道長的個人，本來就應該關心道教的發展。自從有機會接觸殯葬以後，便發現在禮俗的作爲之外，還有道教的做七科儀。然而在現代的社會中，由於工商社會以及科學教育的影響，使得道教的做七科儀日漸式微。在今日的殯葬處理中，我們愈來愈難得見到道教的做七科儀。即使有家屬願意爲往生的親人提供道教做七科儀的協助，卻也只是認爲這是爲了盡孝道不得不有的作爲，並不認爲道教的做七科儀確實可以幫助往生的親人。因此，在同意用道教做七科儀來送往生的親人時，也是能省則省，不是做個頭尾七就是做個總七，草草了事。

　　面對此一現代的困境，個人十分憂心。雖然這是個科學的時代，但不表示道教有關做七的科儀就是子虛烏有的事情。實際上，道教的做七科儀仍然有其價值存在。對家屬而言，往生的親人在往生之後不是就化爲虛無，而可能依舊存在。既然可能存在，那麼對爲人子女的家屬，就應盡一份心力來協助往生的親人，使其在往生之後的處境可以變得更好。對信仰道教的人而言，做七科儀就是最合適的協助方式，在太乙救苦天尊的拔度下，讓往生的親人可以安然通過地府十殿閻羅的審判，投胎轉世到比較好的下一世。爲了使此一目的得以實現，個人不揣淺陋提出個人的淺見就教於方家，希望能夠爲道教做七科儀的永續存在盡一份心力。

　　最後，個人呼籲關心道教做七科儀未來的有心之士，可以一同關注此一課題，讓此一課題的研究能夠更加透澈，也好讓現代社會有需要的人重拾對道教做七科儀的信心，知曉道教做七科儀在協助往生親人時，

從殯葬服務的角度探討道教做七的科儀問題

是可以產生實質的作用。此外，本書能夠順利出版，除了要感謝家人的支持與鼓勵，以及師友們的協助與意見提供外，還要感謝閣總編輯及其同仁的協助。

鄭茂祥 謹識

2025年1月

目　錄

尉遲序　i
羅　序　iii
李　序　v
自　序　vii

第一章　緒　論　1

第一節　研究背景　2
第二節　研究動機與目的　6
第三節　研究問題　10
第四節　研究方法與論述程序　12

第二章　文獻探討　15

第一節　殯葬服務的角度　16
第二節　道教的意義　21
第三節　道教做七科儀的意義　26
第四節　道教做七科儀的效用　31

第三章　研究方法與操作　37

第一節　文獻分析及深度訪談的意義　38
第二節　文獻分析及深度訪談的對象選擇　41
第三節　文獻分析及深度訪談的方法操作　46
第四節　方法的信度及效度的問題　49
第五節　研究倫理　51

第四章　深度訪談結果分析　55

第一節　受訪者基本資料分析　56
第二節　道教做七科儀的用意與意義　58
第三節　道教做七科儀的作為與作用　71
第四節　道教做七科儀的限度與調整的可能　81

第五章　問題、討論與建議　91

第一節　問題的提出　92
第二節　問題的討論與分析　100
第三節　問題解決的建議　104

目　錄

第六章　結　論　109

第一節　成果總結　110
第二節　研究限制　115
第三節　對未來研究建議　117

參考文獻　119
附　錄　123

附錄一　「從殯葬服務的角度探討道教做七的科儀問題」訪談同意書　124
附錄二　受訪者基本資料及訪談題目　125
附錄三　訪談記錄編碼範例　129

第一章

緒　論

- 研究背景
- 研究動機與目的
- 研究問題
- 研究方法與論述程序

第一節　研究背景

只要對殯葬行業稍有關心的人就會發現，殯葬服務有愈來愈簡單化的趨勢[1]。對於這種趨勢，一般殯葬業者最直接的反應就是收入的減少。因為對他們而言，過去殯葬服務之所以能夠有比較多的收入，主要是拜服務天數的多與使用產品的多。現在服務天數不斷在減少當中、所使用的產品也不斷在減少當中，因此殯葬服務的收入逐漸減少也自在意料之中。

面對這種困境，一般殯葬業者的態度就是逆來順受[2]。對他們而言，他們認為這種趨勢是社會的自然趨勢。既然是自然趨勢，那麼他們唯一能夠做的事情就是逆來順受。即使他們不想逆來順受，也不可能有能力去逆轉。因為殯葬業者在社會上一般來講評價並不高。對一個評價不高的行業，在遭遇社會趨勢的挑戰時，可能會有的反應不是主動面對挑戰、突破困境，而是被動回應挑戰、屈服於困境。對社會而言，這種回應的方式才是合理的。

那麼殯葬業者為何會有這樣的反應？依上述所言，主要是受到社會評價不高的影響。在此，我們自然會想要瞭解殯葬業者在社會上的評價何以不高的理由。為了瞭解這個理由，我們不得不溯本追源地回到殯葬業發展的歷史。過去，在一九九四年以前，殯葬業者被稱為土公仔[3]。在那一個年代，土公仔不是一個被社會尊重的職業。相反地，從稱呼來看，土公仔其實一個具有很強烈貶抑的稱呼，表示這樣的職業是不值得

---

[1] 邱達能，《綠色殯葬》（新北市：揚智文化事業股份有限公司，2017年3月），頁31-32。

[2] 尉遲淦，《禮儀師與殯葬服務》（新北市：威仕曼文化事業股份有限公司，2011年7月），頁14。

[3] 同註2，頁15。

第一章　緒　論

尊重的,所以在稱呼上才會加上一個「仔」字[4]。

當然,如果我們的追問只追問到這裏,那麼對於土公仔的社會評價何以為低的問題仍然無解。如果要有解,那麼就必須做更進一步的追問。對此,我們就不得不論及死亡禁忌的問題。對人們而言,從古至今,人們都希望能夠擺脫死亡的糾纏。但是可惜的是,這種企圖幾乎沒有成功的可能。在無法擺脫死亡糾纏的情況下,人們對於死亡是抱持畏懼的態度,認為死亡所帶來的都是不幸的後果。既然是不幸的後果,那麼人們自然就會採取避之唯恐不及的態度[5]。

對殯葬業者而言,這個職業的特質就是有關死亡的處理[6]。如果沒有殯葬業者的存在,那麼社會上有關死亡的問題就沒有人處理,自然對社會就會帶來負面的影響。從這一點來看,殯葬業者的存在對社會而言是有其作用的。當然,當我們這樣說的時候,我們說的不是在殯葬業者存在以前的年代。在殯葬業者存在以前的年代,有關死亡處理的事情是交由家族來處理,而不是殯葬業者[7],因為當時還沒有殯葬業者的存在。

對社會而言,殯葬業者的出現是相應社會變遷的結果。在社會還是停留在農業社會的時候,有關殯葬處理的事務主要是交由家族中人來承擔。等到社會不再是農業社會、進入工商社會的階段時,這時社會開始都市化,在都市化的影響下,家庭結構不再是大家族,逐漸變成小家庭或是核心家庭[8]。對這些家庭而言,他們在人口上不再有充分的人力可以處理殯葬的事務,可是有關親人死亡的事件還是要解決。所以,基於殯葬處理的需要,殯葬事物就逐漸逸出家族的處理範圍,獨立成為一個

---

[4] 尉遲淦,《殯葬臨終關懷》(新北市:威仕曼文化事業股份有限公司,2013年2月),頁28。
[5] 同註2,頁150。
[6] 譚湘琴,〈從殯葬角度省思中陰救渡的相關問題〉(新北市:華梵大學東方人文思想研究所碩士論文,2021年7月),頁3-4。
[7] 同註4,頁27。
[8] 同註4,頁28。

新興的行業。對於這些處理殯葬事務的人員，在那一個階段就稱之為土公仔。

當土公仔成為處理殯葬事務的專門人員以後，照理來講，對殯葬業者人們理當抱持尊敬之心，因為他們幫人們解決死亡處理的問題。可是，現實情況恰好相反。之所以如此，是因為人們在殯葬業者身上不是看到他們幫自己解決親人死亡的處理問題，而是看到死亡的陰影，認為這些殯葬業者就是死亡的化身。只要不與殯葬業者接觸，那麼家中自然不會出現死亡的問題。在無形當中，土公仔就成為死亡的代名詞[9]。

在這種社會評價的影響下，會從事殯葬服務的人基本上都不是社會地位本來很高的人，更不會是本來就具有高學歷的知識分子。相反地，這些人本來就不具有高社會地位及高學歷。當遭遇殯葬服務簡化趨勢的時候，他們當然就只能採取逆來順受的作法。不過在一九九四年以後，土公仔的服務稱呼開始有了轉變的契機。當時國寶北海福座從日本引進現代化的服務，對殯葬業進行改革，使殯葬業成為現代化的服務行業，與之同步的就是把土公仔的稱呼變成倫理師的稱呼，表示殯葬業者的服務不再是前現代的非專業服務，而是現代化的專業服務。既然如此，在現代化的引領下，面對簡化趨勢的挑戰，殯葬業者應該會出現另外一種新的回應方式。

理論上而言，殯葬業者既然已經現代化，那麼他們當然應該會有另外一種回應方式才對。的確，從表面來看，他們不像土公仔那樣只做逆來順受的被動回應，而是採取精緻化的主動回應[10]，表示經由精緻化的方式賺取更高的利潤，來彌補簡化所帶來的損失。但是無論他們採取何種作為，對於簡化的趨勢他們也和土公仔一樣無能為力，只能逆來順受的配合。

那麼為什麼他們只能像土公仔那樣，採取逆來順受的配合方式？

---

[9] 同註2，頁150。

[10] 鄭志明、尉遲淦，《殯葬倫理與宗教》（新北市：國立空中大學，2008年8月），頁15。

第一章　緒　論

其中最主要的理由就是殯葬服務不是任意的服務，而是有一定規矩的服務。如果殯葬服務只是一種任意的服務，那麼這種服務就可以擁有無數改變的可能性。在這種可能性的引導下，殯葬服務就不會受到任何的限制，而可以依據亡者與家屬的需求進行任何的改變。可惜的是，這種想法只適用在西方的殯葬服務，而不適用於中國的殯葬服務[11]。

對我們而言，雖然西方的殯葬服務認知已經逐漸進入臺灣，也有一些人配合這種認知來處理他們親人的身後事，但是仍有不少的人採取傳統的認知，認為殯葬服務就要符合傳統禮俗的要求。如果有殯葬業者在服務時不按照這樣的規定來服務，那麼這樣的服務不僅不專業，也會受到家屬的批評與投訴，認為這樣的服務沒有協助他們善盡孝道。所以在這種情況下，殯葬業者在提供服務時，就只能依據傳統禮俗來服務[12]。

既然在服務時只能依據傳統禮俗來服務，那麼在服務上他們可以改變的就很少。對他們而言，能夠改變的除了數量的增減外就是項目的增減。不過一般而言，主要還是在於數量的增減。對於項目的增減，通常會做的是非主要項目的增減，至於主要項目的增減，他們基本上是不會任意去碰觸的。因為任意碰觸的結果會帶來何種後遺症，說真的，他們也沒把握。萬一碰出問題，這種後果是他們所無法承擔的。

這麼一來，在多一事不如少一事的思維下，無論是代表傳統業者的土公仔，還是代表現代業者的禮儀服務人員，他們對於服務的內容原則上都不會想要去做任何的改變。因此在面對簡化趨勢的挑戰時，不是屈服於簡化的趨勢，把傳統禮俗往簡化的方向引導，就是配合簡化的趨勢，用客製化的方式取代傳統禮俗的作法[13]。如此做的結果，一方面傳統禮俗在簡化中逐漸成為非必要的作為；另一方面取代傳統禮俗的客製

---

[11] 尉遲淦、邱達能、鄭明宇，《悲傷輔導研習手冊》（新北市：揚智文化事業股份有限公司，2020年11月），頁224。

[12] 同註11，頁225。

[13] 尉遲淦，〈殯葬服務專題〉，碩士班課程講義（高雄市：尼加拉瓜太平洋大學殯葬事業管理研究所，2022年），PP檔三、殯葬服務的目的問題。

5

化方式又不斷往西方認知發展。最終在可以預見的未來，或許傳統禮俗就會成為歷史的遺跡，不再具有安頓人們生死的作用[14]。

　　面對這種可能的結果，社會上有了不同的態度，不過一般而言，在態度上大致上是一致的，不是認為這種趨勢是合理的，就是認為這種趨勢是必然的。既然是合理的、必然的，那麼殯葬業者也就只能接受。問題是，接受的結果可能導致殯葬業者的自我毀滅。因為一個不再賺錢的行業，在社會上是很難成為一個能夠吸引人才加入的行業。一旦這個行業不再有人才，這個行業就不會有未來的發展。最終這個行業就會出現沒落的結局。對一個有志於殯葬行業發展的人來說，這種結局是無法接受的。因此面對這種簡化的趨勢，我們認為需要重新思考，看能不能找出不同於上述態度的解決可能性。

　　目前在殯葬服務的學術研究中，我們發現還是有學者試圖突破上述的限制[15]，希望從上述的限制中尋找另外一種新的可能性。對個人而言，這種新的嘗試為個人的研究帶來一線曙光。因為對個人而言，研究的目的在於帶來新的可能性，而不是終結。既然不是終結，那麼當然就需要有新的可能性出現。雖然個人對這個領域沒有什麼特別的想法，但是總是心存一絲希望。所以基於這種希望，個人也願意成為這種新嘗試的一員，看能不能找出殯葬服務永續經營的可能性。

 ## 第二節　研究動機與目的

　　就個人而言，個人身為道教信徒的一員，也深深感受到簡化所帶來的衝擊。過去當人們在生活上有一些負面的際遇出現時，通常都會求助於道教的作為，認為像科儀之類的作為足以化解這些負面的影響。可是

---

[14] 鈕則誠，《殯葬學概論》（新北市：威仕曼文化事業股份有限公司，2006年1月），頁8-9。

[15] 楊炯山，《喪葬禮儀》（新竹：竹林書局，1998年3月），頁13。

第一章　緒　論

自從簡化的思潮出現以後[16]，人們對於道教的作為就不再有那麼強烈的需求，甚至於認為這些科儀是多餘的。因為對於這些負面的影響，可以借助科學的力量加以解決。既然科學可以解決，那麼就沒有必要透過道教的科儀來解決。

對此，我們當然會很納悶，這些生活上負面的影響為何藉由科學來解決之後，就不再需要道教的科儀？這是因為科學對於問題的解決是可以透過經驗來驗證的[17]，而道教的科儀對於問題的解決是很難透過經驗來驗證的。對一個可以透過經驗來驗證的解答，自然很容易就可以獲得人們的信賴。對於一個很難用經驗來驗證的解答，自然就不會再為人們所接受。所以在經驗驗證決定一切的科學年代，道教科儀在不知不覺中地位就被取代了。

本來隨著時代的進步，如果解決問題的方法有了更好的發展，那麼用新的方法來取代舊的方法也是應該的。因此，從時代進步的角度來看，用科學的方法來取代道教的科儀，也是理所當然的事情。但是我們不要因此誤以為對所有的取代都可以做這麼簡單的判斷。實際上科學確實有科學的效用，不過在效用之外，我們也不要忘記科學的限度。對科學而言，它的有效範圍是在經驗以內的存在。對於經驗以外的存在，嚴格說來，它是無能判斷的[18]。如果勉強要判斷，那麼這種判斷就一定不是科學的。

依上述所說，我們就知道道教科儀牽扯經驗層面的問題，從科學發展的角度來講，就一定會被科學所取代。但是在經驗範圍以外的問題，道教科儀就有機會保留自己的可能性。因為對於經驗範圍以外的問題，道教科儀雖然不能證明自己有解決的能力，我們卻也不能證明它就沒有解決的能力。因此在無法證明它有解決問題的能力及無法證明它就沒有

---

[16] 尉遲淦，《殯葬生死觀》（新北市：揚智文化事業股份有限公司，2017年3月），頁75。

[17] 同註16，頁80-81。

[18] 同註6，頁7。

解決問題的能力之間,我們就必須抱持可能的態度,不能妄下斷語,認為它一定沒有能力解決問題。基於這種可能性,我們應該為道教科儀解決問題的能力保留一種可能性。

對個人而言,基於這種對科學限度的體認,我們認為道教科儀還是有其效用的。只是在過去那個年代,對於這樣的效用所採取的態度,基本上就是想當然耳的態度。如今面對科學的挑戰,如果還是採取想當然耳的態度,那麼道教科儀可能就會遭遇淘汰的命運。所以為了使道教科儀繼續存在,個人認為應該把這樣的效用活化起來。只要我們可以做到這一點,那麼道教科儀就可以擁有它自己的效用,而不用再擔心科學的質疑會使其無法生存下去。

同樣地,當個人從生的角度進入死的角度時,就發現道教科儀不只在生的角度遭受質疑,在死的角度也一樣遭受質疑。例如在做七的部分,過去在做七的時候,家屬如果是道教的信徒,那麼他們一定會選擇做七的科儀,相信這樣的科儀對亡者會有實質的幫助[19]。但是隨著西方科學觀念的引進,這種相信逐漸受到動搖,不僅一般人質疑這種做七的效用,甚至連道教的信徒本身也不再相信這種效用。這麼一來,有關做七的科儀逐漸形式化。當形式化到一定的程度時,這種做七的科儀就逐漸被簡化,表示有做就好,至於做幾個七倒無所謂。

直到今天,不但一般人不再相信做七的效用,認為即使都沒有做也可以。對道教徒本身,也採取隨波逐流的態度,認為只要有做就好,實在沒有必要七個七都做。也就是說,道教的做七不再是必要的殯葬作為,它純粹只是傳統宗教的規定。既然是規定,那麼都不做也不行。可是要都做就會覺得太過花時間,也太過浪費金錢,所以在時間與金錢的考量下,只要有做就好,表示我們也依規定為亡者盡了一分心力。如果我們抱持這種態度,那麼在經濟與效率的考量下,早晚有一天道教做七

---

[19] 陳瑞隆,《慎終追遠——臺灣喪葬禮俗源由》(臺南市:世峰出版社,1997年8月),頁81。

第一章　緒　論

的科儀就會從社會上消失。問題是，這種消失對亡者是否是好的，對家屬是否是正確的，其實是有問題的。因為道教做七的科儀所屬的性質不是與生者有關的經驗存在，而是與亡者有關的超經驗存在。從上述對科學的反省，我們知道這種超經驗的存在是在經驗範圍以外。因此我們就不能只從經驗的角度來提供答案，而必須從超經驗的角度來提供答案。經由這樣的提供，個人認為答案不見得就是否定的，也可以是肯定的，其中主要的關鍵就在於如何回應效用的要求。

　　基於上述的反省，個人認為道教做七的科儀值得進一步地探討。那麼這種探討要做到什麼樣的程度，是本研究進一步需要回答的問題。在此我們第一個要回答的問題就是，在治喪過程中道教會用到哪一些科儀，其中有沒有做七的科儀？第二個要回答的問題就是，道教做七的科儀意義為何？第三個要回答的問題就是，道教做七的科儀有何效用？第四個要回答的問題就是，道教做七的科儀內容為何？第五個要回答的問題就是，道教做七的科儀為何要安排這些內容？第六個要回答的問題就是，道教做七的科儀是否可以產生效用？除了形式的作用以外，是否還有實質的作用？第七個要回答的問題就是，如果道教做七的科儀希望在形式作用之外也可以有實質作用，那麼要怎麼做才有可能？

　　經由上述問題的回答，本研究預期達到的目的設定如下：第一、瞭解目前殯葬服務中有關道教科儀的作為是否包含做七的科儀在內；第二、瞭解道教做七的科儀指的是什麼；第三、瞭解道教做七的科儀能夠產生的作用是什麼，第四、瞭解道教做七的科儀包含哪一些內容；第五、瞭解道教做七的科儀為何要包含這一些內容；第六、瞭解道教做七的科儀除了形式作用外，是否還可以有實質的作用；第七、瞭解道教做七的科儀如果要有實質的作用，那麼應該要怎麼做才可以。

第三節　研究問題

　　從上述研究動機與目的的敘述來看，我們就很清楚本研究的目的在於探討道教做七的科儀。既然探討的是道教做七的科儀，那麼我們只要清楚瞭解道教做七的科儀即可。表面看來，答案確實如此。不過這只是從表面來看的想當然耳。實際上，對於道教做七的科儀可以探討的角度有很多種。如果沒有進一步地釐清，那麼就無法給予明確的回答。所以基於明確研究問題的需要，我們有必要進一步指出所要探討的角度。

　　那麼這個角度可以是什麼？一般而言，我們最容易選擇的角度就是宗教的角度。之所以選擇宗教的角度，理由很清楚，就是做七顯然是一種宗教的作為。如果做七不是一種宗教的作為，那麼它就不會出現在道教當中。如今我們在道教的科儀當中發現做七的存在，那就表示做七是一種宗教的作為。既然是一種宗教的作為，那麼我們從宗教的角度切入就很合理。這麼說來，我們在探討道教的做七的科儀時，就應該從宗教的角度切入。

　　的確，這確實是一個可以選擇的角度。不過對本研究而言，這個角度並不是我們要的。因為做七雖然是道教科儀中的一種，但不表示只能從宗教的角度切入。實際上，它也可以從別的角度切入。對我們而言，我們之所以關心這個問題，重點並不在宗教本身，而是在殯葬服務的作為中發現的。過去在提供殯葬服務時，我們發現一般喪家在通過禮俗的服務以後，都會在禮俗之外進一步選擇宗教的服務。對家屬而言，禮俗可以協助他們盡孝，卻無能協助亡者改善死後的處境。如果要協助亡者改善死後的處境，那麼就必須透過宗教的作為[20]。因此，當殯葬業者在提供殯葬服務時，自然就會看到家屬要求要有做七的作為。

---

[20] 同註19，頁81。

第一章　緒　論

　　這時家屬所選擇的做七作為未必就是道教的做七。因為有關做七的作為有很多種。其中要與改善亡者死後處境有關的作為主要有兩種，其中第一種就是佛教的做七作為，第二種就是道教的做七作為[21]。就第一種而言，會選擇這一種做七作為的主要是佛教徒。如果他們不是佛教徒，那麼在過去那個年代他們是不會選擇佛教的做七作為。不過到了最近這十幾年，情況開始有所轉變[22]。一般人即使不是佛教徒，當他們的親人去世以後，也會選擇採用佛教的做七作為。

　　相反地，在過去那個年代，一般人在做七作為的選擇上，主要是以道教的做七為主。雖然他們不一定是道教徒，但是無論如何，只要有採用道教的做七作為，那麼他們就會安心。之所以如此，是因為他們認為道教的做七作為會有助於改善亡者的死後處境。因此在殯葬業者提供殯葬服務時，家屬就會提出這樣的要求，要殯葬業者予以配合。可是到了最近這十幾年，情況丕變。會要求殯葬業者提供道教做七作為的家屬愈來愈少，會要求殯葬業者提供佛教做七作為的家屬愈來愈多。

　　雖然如此，我們還看到更可怕的現象，就是無論是佛教的做七或是道教的做七，都面臨一種簡化的處境。對一般人而言，他們不再像過去那樣相信做七對亡者的死後處境會有改善的效用。既然沒有改善的效用，那麼又何必按照宗教的要求一定要做完七個七。所以在做七的時候，基於經濟與效率的考慮，不是做一個總七就是做頭尾七。如果都沒做，對佛教徒與道教徒而言，他們會心不安。但只要有做，他們就會心安。

　　問題是，對身為道長的研究者，對這種只求心安的反應十分憂心。因為如果只求心安，那麼在不需要做也可以心安的情況下，是否表示做七就可以不要做。一旦這樣結論出現時，會不會導致做七作為的消失？對研究者而言，這雖然只是一種理論上的推測，但等到這種結果真的出

---

[21] 同註16，頁139-140。
[22] 這與佛教逐漸成為信仰的主流有關，如佛光山、慈濟、法鼓山、中臺山等號稱佛教界四大山頭。

現時,屆時想要改變可能就太晚了。因此基於對道教的關心,我們認為還是要設法解決道教做七的科儀的效用問題。只要這個問題有了正面的答案,那麼道教做七的科儀自然就會有新的未來[23],對亡者來說也才能有機會獲得實質的幫助。

第四節　研究方法與論述程序

　　最後,在這一章中我們還有一個問題需要解決,就是研究方法的問題。只要我們決定要用何種研究方法之後,就可以清楚知道整個論述程序應如何安排方才合適。那麼我們應採行何種研究方法?在此,問題的答案有很多種。一般而言,主要有兩種:第一種就是量化的方法;第二種就是質性的方法[24]。就量化的方法來說,主要是透過量表的調查來瞭解一般人對於問題的答案。經由這種調查的作為,我們就會知道一般人對於這個問題的解答是怎麼看的。也就是說,量化的方法可以使我們獲知一般人共有的主要想法。

　　就質性的方法而言,主要是透過過去與現在的文獻使我們得知對於問題相關研究的成果,以及經由現在的人的訪談瞭解他們對於問題的看法。藉由這兩種不同的處理方式,我們一方面可以瞭解從過去到現在對於問題的相關研究成果,另一方面也可以瞭解現在的人他們對於問題的看法。這麼一來,我們所獲得的知識就不只是歷史的知識,而是繼續在發揮影響力的知識,表示這樣的知識不是死的知識,而是活的知識,對

---

[23] 因為在科學的年代,效用已經成為人們檢驗一個作為有無存在價值的標準。如果這個作為可以產生效用,那麼它就有存在的價值。相反地,如果這個作為不能產生效用,那麼它就沒有存在的價值。

[24] 經過查詢國家圖書館所屬的臺灣博碩士論文知識加值系統之後,發現從一般民眾、研究人員、校院系所及研究生這三種身分查詢的結果,都沒有一篇博碩士論文與本論文的研究主題一樣。所以查詢結果為零。如果為零,那麼自然就不會有量表存在。

第一章　緒　論

問題的解決具有現實的效果。

　　在此，本研究應選擇的研究方法為何？本來使用量化的方法會是一個不錯的選擇。但是要選擇量化的方法是有前提的，就是必須有量表的存在[25]。如果沒有量表的存在，那麼要採行量化的方法就會有困難。因此，量表的存在是採行量化的方法的前提。就我們所知，本研究要研究的問題到目前為止應該沒有量表的存在[26]。既然沒有量表的存在，那麼要採行量化的方法可能就不是那麼合適。如果我們不採行量化的方法，那麼還可以採行什麼樣的方法？

　　依上述所說，研究的方法主要有兩種，不是量化的方法就是質性的方法。現在量化的方法不合適，那麼剩下的就是質性方法。可是質性的方法只是一個統稱，實際上它包含了很多種的方法。在此，我們主要採行的方法有兩種：一種是文獻分析的方法；一種是深度訪談的方法[27]。之所以採行這兩種方法，主要理由在於前者可以使我們對過去和現在的研究有所瞭解，後者可以使我們對於現在的人的想法有所瞭解。

　　透過這兩種方法的運用，我們對於道教做七的科儀的問題就可以有比較全面性的瞭解。當然這種瞭解是基於解決殯葬服務上的需要，使道教做七的科儀可以產生較好的效用。以下我們對於本研究的主題，也就是「從殯葬服務的角度探討道教做七的科儀問題」論述如下：第一章緒論，共分四節：第一節研究背景、第二節研究動機與目的、第三節研究問題、第四節研究方法與論述程序；第二章文獻探討，共分四節：第一節殯葬服務的角度、第二節道教的意義、第三節道教做七科儀的意義、第四節道教做七科儀的效用；第二章研究方法與操作，共分五節：第一節文獻分析及深度訪談的意義、第二節文獻分析及深度訪談的對象選擇、第三節文獻分析及深度訪談的方法操作、第四節方法的信度及效度

---

[25] 潘淑滿，《質性研究──理論與應用》（臺北市：心理出版社股份有限公司，2004年3月），頁3。
[26] 同註25，頁69。
[27] 同註25，頁69。

的問題、第五節研究倫理;第四章深度訪談結果分析,共分四節:第一節受訪者基本資料分析、第二節道教做七科儀的用意與意義、第三節道教做七科儀的作為與作用、第四節道教做七科儀的限度與調整的可能;第五章問題、討論與建議,共分三節:第一節問題的提出、第二節問題的討論與分析、第三節問題解決的建議;第六章結論,共分三節:第一節成果總結、第二節研究限制、第三節對未來研究建議。

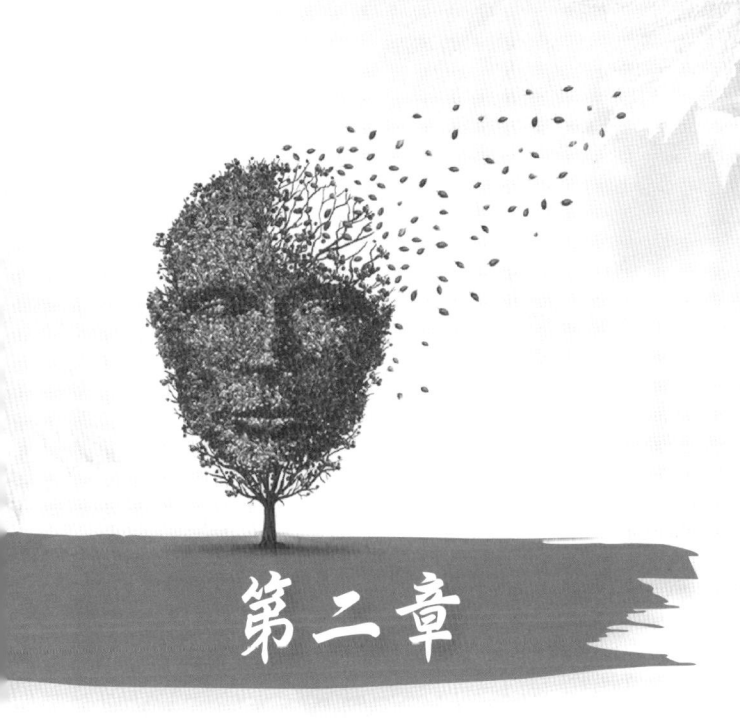

第二章

文獻探討

- 殯葬服務的角度
- 道教的意義
- 道教做七科儀的意義
- 道教做七科儀的效用

從殯葬服務的角度探討道教做七的科儀問題

 ## 第一節　殯葬服務的角度

　　一般而言，我們對於殯葬服務的認知主要是受到殯葬服務經驗的影響[1]。如果我們對於殯葬服務完全沒有經驗，那麼要對殯葬服務有所認知幾乎是不可能的。如果我們要對殯葬服務有所認知，那麼至少就必須對殯葬服務有所經驗。也就是說，有關殯葬服務的認知是奠基於殯葬服務的經驗。因此，要知道一個人對於殯葬服務是如何認知的，那麼就只要知道他或她在殯葬服務上有過何種經驗。從這一點來看，殯葬服務的經驗決定殯葬服務的認知。

　　既然如此，那麼有關殯葬服務的認知是否都會一樣？表面看來，這個答案應該是肯定的。因為有關殯葬服務的認知是決定於殯葬服務的經驗。就一般人所接受的殯葬服務的經驗來看，人們所接受的殯葬服務在經驗上應該是一樣的。既然經驗是一樣的，那麼在認知上自然也應該一樣，而不會有不一樣的情形出現。這麼說來，在殯葬服務的認知問題上，人們應該擁有相同的認知，而不可能出現不一樣的認知。

　　問題是，實際情形真的是如此嗎？就我們所知，人們在殯葬服務的認知上的確有所分歧。那麼這個分歧由何而來？依據上述的說法，認知是由經驗所決定的。既然是經驗所決定的，那麼如果會有分歧的情形出現，這種分歧一定不是來自認知本身。相反地，這種分歧一定是來自經驗上的不同。如果不是經驗上的不同，那麼要在認知上產生分歧是不可能的。由此可知，這種認知的分歧一定是來自於經驗的不同。

---

[1] 如果沒有經驗，那麼人們要形成認知是不可能的。例如農業社會需要大量的人力，因此在殯葬作為上就會把此一需求納入，強調多子多孫多福氣的必要，由之形成各種儀式，如封釘儀式就會在說好話的時候把此一需求納入，依此，在殯葬服務上就會依此而服務。同樣地，在認知上就會依此作為認知的根據，形成殯葬服務時的特有認知。

第二章　文獻探討

　　可是，就我們所知，有關殯葬服務的經驗是受到社會背景限制的。如果一個社會不是這樣的背景，那麼在殯葬服務的經驗上就不會有這樣的經驗出現。如果要有這樣的殯葬服務經驗，那麼這個社會就必須有這樣的背景。因為，不同的社會背景所出現的殯葬服務經驗是不同的。因此，農業社會有農業社會有關殯葬服務的經驗，工商社會有工商社會有關殯葬服務的經驗[2]。

　　本來不同社會各有各的殯葬服務經驗，彼此涇渭分明。但是對中國而言，自從清朝末年在西方船堅砲利的影響下，社會逐漸從農業社會進入工商社會[3]。同樣地，有關殯葬服務的經驗，也從農業社會的型態進入工商社會的型態。對農業社會而言，由於強調家庭關係，所以很重視孝道的問題，認為如果沒有孝道的傳承，那麼家庭的穩定與延續就不可能。因此在殯葬服務經驗上，自然就必須體現這樣的需求。為了體現這樣的需求，我們在提供殯葬服務時，就必須依據禮俗來提供服務。唯有如此，我們才能幫助家屬實踐孝道。

　　相對地，工商社會所強調的重點就不太一樣。對工商社會而言，家庭關係不是重點，重點是個人的發展。如果個人沒有發展，那麼個人存在就沒有意義。所以對工商社會而言，個人的發展才是社會關心的重點。那麼工商社會為何會強調個人的發展？因為個人如果沒有發展，那麼社會也就沒有發展。由此可知，社會強調個人發展的目的在於維持社會的發展。基於這樣的認知，在殯葬服務的經驗上一樣要體現這樣的需求。由於死亡帶來人的改變，使人不再有用於社會的發展，所以在殯葬服務的經驗上，就把重點放在如何解決亡者的遺體為社會所帶來的負面

---

[2] 尉遲淦，〈傳統殯葬禮俗如何因應現代社會的挑戰〉，《第四屆海峽兩岸清明文化論壇論文集》（浙江奉化：上海公共關係研究院、財團法人章亞若教育基金會主辦，2014年3月），頁143。
[3] 同註2，頁143-144。

影響，也就是社會的公共衛生問題[4]，及家屬的悲傷問題[5]。

　　不過在這種逐漸轉變的過程中，社會呈現混雜的狀態，一方面社會彷彿仍然處於農業社會的型態，一方面社會又彷彿已經進入工商社會的型態。通常愈都市化的地方，社會就愈往工商社會的型態走；愈鄉下的地方，社會就愈停留在農業社會的型態。但是無論社會型態為何，基本上都是呈現混雜的狀態。所以就這一點而言，我們才會在同一個社會看到農業社會的型態與工商社會的型態並存的奇特現象。

　　同樣地，受到社會型態混雜的影響，我們在殯葬服務的經驗上也看到混雜的現象。對某些人而言，他們雖然身處現代的社會，也就是工商型態的社會，但在殯葬服務的思維上仍然處於農業社會的型態。因此，對於殯葬服務的要求就會依照禮俗的要求來服務。如果殯葬業者在服務時沒有依照禮俗的要求來服務，那麼這樣的服務就不是一個合宜的服務。因為他們沒有滿足家屬善盡孝道的要求。如果他們要滿足家屬善盡孝道的要求，那麼就必須依照禮俗來服務。

　　但是對另外一些人而言，他們認為既然已經身處現代的社會，也就是工商的社會，在殯葬服務的思維上自然就應該滿足工商社會的要求。既然要滿足工商社會的要求，那麼在提供殯葬服務時，就必須按照工商社會的要求來提供。所以，對他們而言，孝道的滿足就不再是殯葬服務的重點，個人發展需求的滿足才是重點。也就是說，不要讓個人的死亡為社會的發展產生負面的影響。於是有關社會的公共衛生問題及家屬的悲傷問題，就成為殯葬服務的重點。

　　探討至此，我們就會瞭解為何在殯葬服務的經驗上，會有分歧的現象發生。當社會上對於殯葬服務的經驗有了不同以後，自然在殯葬服務的認知上也就出現不同的認知。在此，為了更進一步瞭解這些不同的殯

---

[4] 尉遲淦、邱達能、鄧明宇，《悲傷輔導研習手冊》（新北市：揚智文化事業股份有限公司，2020年11月），頁6-7。

[5] 尉遲淦，〈殯葬服務的兩種觀點〉，《中華禮儀》第37期（臺北市：中華民國殯葬禮儀協會，2017年12月），頁54-55。

第二章　文獻探討

葬服務認知，我們需要深入這些認知。因為如果我們沒有更深入地瞭解這些認知，那麼對於這些認知的不同就很難有清楚的認識。在認識不清的情況下，我們就很難確實瞭解這些認知的不同之處，也很難對這些不同的認知形成明確的概念。

首先，就農業社會所形成的殯葬服務認知而言，所謂的善盡孝道可以有兩種不同認知：一種是傳統的認知；一種是現代的認知。就傳統的認知而言，這種善盡孝道的方式不是只指長輩在生的時候，也指長輩在死亡之後。當長輩還活著的時候，為人子女的理當善盡孝道。當長輩死了以後，為人子女的還是要善盡孝道[6]。那麼傳統為何會有這種認知？對傳統而言，長輩活著的時候的善盡孝道自然沒有問題，因為長輩還在。可是在長輩死了以後還要善盡孝道，我們就很難理解。因為如果長輩都不在了，那麼善盡孝道的對象都消失不存在了，為人子女的還要善盡什麼孝道？所以為了使這樣的善盡孝道有意義，傳統認為長輩死了以後不是化為虛無，而是成為祖先，表示長輩還是繼續存在著[7]。

就現代的認知而言，長輩還活著的時候，為人子女的善盡孝道當然沒有問題，但是在長輩死了以後，還要善盡孝道就很難理解。因為正如上述所說，長輩死了以後還要善盡孝道根本就不可能。即使人為子女的想要繼續善盡孝道，但在長輩已經不存在的前提下，這樣的善盡孝道在失去對象以後就成為一個無意義的行為[8]。作為一個有理性的現代人，在理性的思考下是不會出現這種行為的。因此對現代人而言，要善盡孝道就只能在長輩還活著的時候，不能在長輩死了以後。

從上述的論述來看，第一種認知是屬於農業社會本身的認知，而第二種認知則屬於經過工商社會衝擊以後所形成的認知。至於工商社會本

---

[6] 這是受到科學的影響，認為人死後就化為物。既然是物，那麼當然就不會有死後生命的存在。在不存在的情況下，生者的盡孝行為就會變得很奇怪、顯得毫無意義。

[7] 同註4，頁218。

[8] 同註4，頁219。

身的認知，由於受到科學的影響，認為人死後就不存在了，所以要講孝道就只能在長輩還活著的時候。一旦長輩死了，那麼就無所謂盡不盡孝的問題。如果有人還想盡孝，那麼這種盡孝也是沒有意義的。所以在殯葬服務上就不理會盡孝的問題，而只管亡者遺體處理的問題，以及生者悲傷的問題。

至此，我們就可以說到目前為止有關殯葬服務的認知至少有三種：一種是農業社會傳統的認知，認為人死以後不是化為虛無，仍以祖先的形態存在著，所以為人子女的還是要善盡孝道；一種是農業社會在工商社會衝擊下的現代認知，認為人死後雖然已經化為虛無，但在社會要求善盡孝道風氣的制約下，只好在殯葬服務上繼續採取禮俗的做法[9]；一種是工商社會的認知，認為人死了以後就化為虛無，因此在殯葬服務上無需再採取禮俗的做法，唯一要處理的問題就是亡者遺體所帶來的公共衛生問題及生者的悲傷問題。

那麼上述這三種有關殯葬服務的認知，到底哪一種才是合宜的？對我們而言，是需要進一步探討的。就我們所知，第一種認知在科學的挑戰下被認為只是一種迷信，不需要太過在意。只要科學教育持續下去，那麼早晚有一天這種認知就會消失無蹤影[10]。同樣地，第二種認知雖然不能說是迷信，但依舊受到農業社會的影響。唯有等到人們不再在意社會制約的壓力，屆時這種認知方有消失的可能。至於第三種認知，對現代人而言，才是主流的認知，也才是符合科學要求的認知[11]。對現代人而言，如果要有殯葬服務認知，那麼就只能採取這種認知。

對我們而言，要採取什麼認知，不是只是按照社會的流行，還要依據理性的反省。根據我們的反省，我們發現科學的認知其實並不能及於

---

[9] 同註4，頁229-230。

[10] 尉遲淦，〈簡化是解決殯葬問題的萬能丹嗎？〉《中華禮儀》第35期，（臺北市：中華民國殯葬禮儀協會，2016年12月），頁19-20。

[11] 尉遲淦，《殯葬生死觀》（新北市：揚智文化事業股份有限公司，2017年3月），頁68-69。

經驗的範圍以外。如果它及於經驗的範圍以外，那麼這種及於經驗的範圍以外，就已經超出經驗的範圍，是它所無法判斷的領域。既然如此，那麼在殯葬服務的認知上，就不能採取第三種認知。因為第三種認知已經對人死後的存在做了過度武斷的判定。同樣地，我們也不能採取第二種認知。因為這種認知雖然認為人死後的殯葬服務仍須依據禮俗，但這種依據只是一種社會壓力下的產物，實際上還是認為人死後就不存在，一樣是過度武斷的一種判定。至於第一種認知，雖然它不認為人死後就不存在，但對於人死後還在的判定仍然是處於未經理性批判的狀態，依舊是一種過度武斷的判定。

既然如此，那麼我們對殯葬服務應該採取何種認知？對我們而言，上述三種認知各有各的問題。不過在科學的時代還是需要以科學為準來判斷。只是在判斷的時候，不要像上述認知那麼武斷，而要回歸科學本身。一旦回歸科學本身，那麼就要允許死後存在的可能性。就此一可能性而言，當我們在提供殯葬服務時，就不能以自己的認知為準，而要以家屬與亡者的需求為準[12]。如果他們認為死後存在是他們認定的，那麼我們就透過殯葬服務來協助他們，滿足他們的需求。如果他們認為人死後就不存在，那麼我們就按照他們的認知來提供服務，滿足他們的需求。由此可見，有關殯葬服務的認知不再是一種定於一尊的認知，而是按照家屬與亡者的需求來提供服務的認知。

第一節　道教的意義

如果是這樣，那麼對道教徒而言，在殯葬服務上會有何作為？在正式探討此一問題之前，我們先瞭解道教的意義為何的問題。如果只從字面的意思來看，那麼所謂的道教就是與道有關的宗教。不過這種解釋是

---

[12] 同註11，頁132-133。

從殯葬服務的角度探討道教做七的科儀問題

　　從理論的角度來說的,如果要從實踐的角度來說,那麼所謂的道教就是與修道有關的宗教。也就是說,只要透過修道的方式,修道者如果最終可以與道合一,那麼修道者就可以藉由此一合一的達成而超越生死[13]。

　　原先在魏晉南北朝以前,有關此一合一達成的時機只限定在活著的時候[14]。對早期的道教而言,人的生命只有一世。在死亡來臨以後,人的生命就不復在人間出現。此時他或她只有兩個可能的去處:一個就是地府,一個就是得道成仙。就第一種可能而言,人的生命是有限的。但是這不表示人死了以後就化為虛無;相反地,人死了以後魂魄還在,只是這個魂魄不能繼續待在人間。經過魂飛魄散的過程,最終魂只能去到地府。對早期的道教而言,此時的地府不是亡魂的暫時居留地,而是永久居留地[15]。

　　就第二種可能而言,人如果可以在活著的時候選擇相信道教,潛心修行,那麼當死亡來臨之前,只要修道者修到的境界夠高,也就是與道合一,這時的修道者就可以白日飛昇成為天仙[16]。如果無法在活著的時候做到這一點,那麼在死亡來臨時可以做到這一點,這時在與道合一的情況下,雖然不能白日飛昇成仙,卻還可以屍解成仙[17]。

　　到了魏晉南北朝時,由於受到佛教輪迴觀念的衝擊,道教不再堅持一次生命的傳統想法,開始吸收佛教的輪迴觀念,改造自身對於死後生命的看法。對道教來說,經過這種改造以後,生命不再是傳統所說那樣只有一次,而是有無數次。只要人一天不得道成仙,那麼人就只能繼續在輪迴之中。如果人要脫離輪迴,那麼就只能得道成仙。經由上述的改造,道教對於生命的看法不再是早期的一次生命,而變成後來無數次的

---

[13] 郭于華,《死的困惑與生的執著》(臺北市:洪葉文化事業有限公司,1994年10月),頁166-167。
[14] 同註11,頁132-133。
[15] 同註11,頁137。
[16] 同註11,頁137。
[17] 同註11,頁137。

輪迴生命[18]。

在道教對於生命的看法不再是只有一世的時候，同時對於地府的看法也不再是亡魂的永久居留地。如果此時對於地府的看法仍然是永久居留的，那麼亡魂就只能一直待在地府，而不可能有投胎轉世的機會，這時所謂的輪迴轉世就不可能。但是在佛教的影響下，道教對於生命的看法已經是輪迴的生命，既然是輪迴的生命，那麼亡魂就一定要投胎轉世。因此在地府的觀念上就必須加以改變，不再是永久居留的，而只能是暫時居留地[19]。

如果地府不再是永久居留地，而變成暫時居留地，那麼在意義的理解上就一定和永久居留地不同。首先，永久居留地指的就是一個永恆的住所。亡魂一旦來到此處，無論他們的意願如何，他們都只能永遠住在此處，而沒有其他的去處可去。至於暫時居留地則不同，它指的就是一個暫時的住所。只要住到一定的時間，那麼亡魂就可以離開此處去到別處。在此，所謂的別處指的就是五道輪迴。

對道教而言，這五道不是道教原先所創，而是受佛教影響的結果[20]。就佛教來說，輪迴有六道，指的就是天道、人道、阿修羅道、畜生道、餓鬼道與地獄道[21]。但到了道教，六道輪迴就變成五道輪迴，其中少了阿修羅道。那麼這五道輪迴中的五道指的是什麼？依《太上老君虛無自然本起經》所言，第一道指的是神上天為天神的天道，第二道指的是神入骨肉形而為人神的人道，第三道指的是神入禽獸為禽獸神的畜生道，第四道指的是神入辟荔即餓鬼者的餓鬼道，第五道指的是神入泥黎即地獄者的地獄道[22]。

---

[18] 卿希泰，《道教與中國傳統文化》（福建：福建人民出版社，1992年6月），頁29-30。
[19] 同註18，頁30。
[20] 宋道元，《圖解中國道教生死書》（北京：紫禁城出版社，2009年9月），頁62。
[21] 同註20，頁62。
[22] 楊曉勇、徐吉軍，《中國殯葬史》（北京：中國社會出版社，2008年5月），頁

其次，永久居留地除了是指一個永久居留的地方以外，此一地方還是一個亡魂永久生活的地方。對亡魂而言，這個地方是和活著時候的世界相仿[23]。如果一個人在生前是富裕的，那麼在死後前往地府時他或她一樣是富裕的。如果一個人在生前是貧窮的，那麼在死後前往地府時他或她一樣是貧窮的。因此，一個人死後會是如何，通常和他或她生前的處境有關。

這麼說來，一個人生前富裕與否是會影響亡魂死後在地府的際遇。那麼它是如何影響的？在此，死後的殯葬處理就很重要。如果一個人生前做得不錯，但由於家境貧窮，死後在殯葬處理上十分簡單，不僅無法燒很多的庫錢或紙紮，也沒有能力延請道長為其做科儀消災祈福，那麼在去到地府時，自然也就沒有能力享有比較好的地府生活。相反地，一個人生前雖然做得不怎麼樣，但是由於家境富裕，死後在殯葬處理上就可以大操大辦，不僅有能力燒很多的庫錢或紙紮，也有能力延請道長為其做科儀消災祈福，那麼在去到地府時自然就有能力享有較好的生活[24]。

對一般人而言，這種地府的對待方式是不公平的。因為生前的富裕與否和其死後的際遇應該沒有關係。如果要有關係，那麼也應和其作為有關。一個人只要生前做的事情是好的，那麼在死後的際遇上就應該反映出來，使亡魂在地府中的待遇好一點。同樣地，一個人如果生前做的事情是不好的，那麼在死後的際遇上也應該反映出來，使亡魂在地府中的待遇差一點。唯有如此，這樣的待遇方才有所謂的公平可言，否則，死後在地府的際遇一切以生前的富裕與否來決定是不合理的。

當佛教的輪迴觀念傳入中國以後，道教的地府觀念就受到極大的衝擊。對道教而言，永久居留地很難解決公平性的問題。如果把這樣的

---

[23] 同註22，頁146。134-135
[24] 中國哲學書電子化計劃（維基）：《太上老君虛無自然本起經》第3段，網址：https://ctext.org/wiki.pl?if=gb&chapter=794410。登入日期：2022/6/14。

第二章　文獻探討

地府觀念改造成輪迴觀念,也就是暫時居留地的觀念,那麼上述的難題就有解決的可能。因此早期道教地府的永久居留地的觀念,就逐漸為後期地府的暫時居留地觀念所取代。對道教而言,這種取代的用意在於使修道的作為更加合理化。也就是說,生前的所做所為是會影響死後的際遇。一個人即使生前富裕,在後事的辦理上不僅有能力多燒庫錢與紙紮,也有能力延請道長做科儀消災祈福,但因生前好事做得少、不好的事做得多,那麼在地府的際遇上就不會太好,後來的投胎轉世也不會太好。對一般人而言,這樣的解決方式會比較合理,也比較可以接受。

首先,在地府的解釋上,後期的道教就認為地府不再是永久居留地,而是暫時居留地。當地府變成暫時居留地以後,亡魂在進入地府時,就不再過著與生前相仿的生活,也就是說,生前富裕死後就富裕、生前貧窮死後就貧窮。相反地,對亡魂而言,生前富裕死後不一定就富裕、生前貧窮死後不一定就貧窮。一個人死後會有何待遇,主要取決於他或她生前的所做所為。

其次,除了地府不再是亡魂永久生活的地方以外,後期的道教認為亡魂在地府所過的生活,也不是一種享受的生活,相反地,是一種還過的生活,也就是受罰贖罪的生活[25]。對一個人而言,無論他或她生前是否富裕,只要他或她生前的所做所為不是好的,那麼在死後的際遇上就要受罰還過。只有在地府受罰還過之後,他或她才有機會重新投胎轉世。這時要投胎轉世到哪一道,就要看個人在生前所做所為當中好事做了多少而定[26]。

由此可知,一個人下一世會變得如何、投胎轉世到哪一道,就要看這個人這一世的所做所為為何而定。只要這個人在這一世所累積的功較多、所犯的過較少,那麼不僅在地府的受罰還過過程中可以罰輕一點、少一點罰,還可以在投胎轉世時擁有比較好的下一世。如果這個人在這

---

[25] 同註11,頁132。
[26] 同註11,頁139。

一世所累積的功較少、所犯的過較多，那麼不僅在地府的受罰還過過程中會罰得重一些、罰得多一些，在投胎轉世時也就很難有比較好的下一世。從這一點來看，一個人在這一世的所做所為就變得很重要。

第三節　道教做七科儀的意義

　　根據上述的探討，我們就很清楚一個人要有怎麼樣的下一世，不是由這一世的際遇來決定的，而是由這一世的所做所為決定的。因為這一世的際遇通常都是決定於上一世的所做所為，而下一世的際遇則是決定於這一世的所做所為。因此我們在這一世要決定如何做、如何為的時候，就不能只考慮眼前的利害得失，而要把下一世的際遇考慮進來。如果我們在做為時真有考慮到這一點，那麼自然就不用太擔心下一世的際遇問題。

　　那麼對道教而言，輪迴是否就是生命的最後真理呢？如果是，那麼對於這樣的真理，我們除了接受就不能再有其他的作為。但是如果不是，那麼對於這樣的真理，我們就不一定非接受不可。因為如果輪迴不是生命的最後真理，那就表示在輪迴之外還可以有其他的選擇。既然有其他的選擇，那麼我們只要找出實踐此一選擇的方法，就可以有別的出路，而不需要一直受困於輪迴。因此輪迴是否就是最後的真理，其實取決於人是否還有其他的選擇。

　　對道教而言，輪迴絕對不是最後的真理。因為從早期道教對於地府的看法可知，道教是沒有輪迴的。後來之所以接受輪迴，純粹是受到佛教影響的結果。不過在佛教的影響下，道教並沒有失去道教之所以為道教的本質。如果道教失去了道教之所以為道教的本質，那麼道教就不再是道教。如今道教仍然是道教，這就表示輪迴絕對不是道教有關生命看法的最後真理。有關道教對於生命看法的最後真理，如果我們要瞭解，還是需要回到道教本身，也就是人們對道教信仰的真正理由所在。

第二章　文獻探討

　　從人們對道教的信仰來看，之所以會相信道教，最主要的理由就在於人們可以憑藉對道教的信仰超越生死、與道合一。所以對真正相信道教的人而言，信仰道教就是要成為一個修道者。一個人只要成為修道者，那麼在這一生中只要能夠潛心修道，修到最後就會有機會與道合一、超越生死。但是這是從理論的角度來說，表示修道修到最後，只要能夠修到究竟，那麼就會與道合一、超越生死。實際上，從人們的修道經驗來看，從古至今，要在一世之中修到究竟，嚴格來說，是非常困難的。既然很困難，那麼我們是否就可以說修道其實只是一場夢，最好的應對策略就是不要信仰道教？

　　如果道教對於修道者採取的應對方式就是這樣，完全依修道者個人的作為而定，那麼對於這樣的道教，我們的確不要抱太大希望，最好是不要相信它。可是道教真的是這樣嗎？就我們所知，在修道上，道教採取的是兩種策略。對上根之人，只要提供相應的修道方法，那麼他們自然就會有機會修到究竟，與道合一、超越生死[27]。對不是上根之人，道教除了提供修道的方法，也會在其不足之處，提供其他的他力解決方法[28]。

　　對道教而言，人在修道時不是只有在活著的時候才能修，即使遭遇死亡，死後一樣也可以修。只是在修的時候，生前與死後不太一樣。在生前，我們可以自覺地修。雖然這樣的修還是會遭受各種阻礙，但是無論遭受的阻礙為何，至少我們只要保持自覺的狀態，想要怎麼修還是有相當能力的自主性。但是在死後就不同，對死後的亡魂來說，他或她就算想要修，也沒有能力自主地修，只能依循生前的習性而為。這時如果沒有外力的協助，那麼他或她就只能乖乖接受生前所做所為所產生的果

---

[27] 同註11，頁138-139。
[28] 郭國賢，〈道教東方三聖信仰與臨終助禱〉《國際道教2018生命關懷與臨終助禱學術論壇論文集》（高雄市：中華太乙淨土道教會、國立臺中科技大學應用中文系，2018年10月），頁174-176。

報[29]。

在此我們自然會產生一個疑問，就是道教如何介入死後的存在？如果道教根本就沒有能力可以介入死後的存在，那麼就算道教對於亡魂想要提供外力的協助，這種提供也是不可能的。所以如果道教想要對亡魂有所幫助，那麼它就必須提供足以介入死後存在的作為。一旦有了這樣的作為，那麼亡魂在地府的際遇就不會只是生前所做所為的果報，也可以藉著這些作為加以改變，使亡魂不至於完全受制於生前所做所為的果報。

那麼這樣的作為必須具備何種條件？首先，這種作為的作用不能只及於人間的範圍。如果這種作為的作用只能及於人間的範圍，那麼這種作為就不能對亡魂產生效用。因為亡魂所處的世界不是人間的世界，而是地府的世界。所以如果這種作為要對亡魂有所幫助，那麼它的作用就必須能夠及於地府。其次，這種作為必須具備拔度的能力。如果這種作為只是一般的作為、不具拔度的能力，那麼這種作為要對亡魂產生實質的幫助就不可能。所以如果道教要對亡魂有所幫助、能夠改善亡魂在地府的際遇，那麼這種作為就必須具備拔度的作用[30]。

經由上述的分析，我們發現做七的科儀就是足以滿足上述兩個條件的作為。那麼我們這麼說的依據為何？首先就科儀的意義而言，所謂的科儀可以分從科與儀兩個方面來瞭解。就科而言，依玉律的說法，指的就是程。那麼何謂程？所謂的程，就《說文解字》的解釋，程有法則義，也就是規矩、程序的意思。就儀而言，所謂的儀指的就是典章制度的禮儀程序。也就是說，它指的一樣是儀式進行的程序。所以，從科和儀的字面意思來看，科指的是規矩、程序，而儀指的則是儀式進行的程序[31]。如果只從這一層意思來看，那麼我們很難直接判斷科儀就是一種

---

[29] 同註11，頁139-140。
[30] 張譽薰，〈道教「五朝」拔度儀式中的生死觀研究——以臺灣高雄市拔度儀為文本〉（嘉義：國立中正大學中國文學系博士論文，2018年6月），頁221-227。
[31] 百度百科：科儀條目，網址：https://baike.baidu.hk/

第二章　文獻探討

溝通陰陽兩界的作為程序。

不過如果從更深的層面來看，道教的科儀不是只是一種儀式的程序，它還是與齋醮有關的程序。就齋而言，它指的就是齊與淨的意思，也就是整肅身心的意思。那麼為何要整肅身心？這是因為齋醮儀式是和神人相通有關的儀式。在儀式進行之前，人們自當整肅身心，使身心進入一種純淨的狀態，這時才有可能達成神人溝通的效果。如果沒有整肅身心，在身心不純淨的情況下，那麼要達成神人溝通的效果自然不可能。所以就這一點而言，齋的作用其實只是為神人溝通能夠達成所做的前置作業[32]。

如果要達成神人溝通的效果，那麼就不能只停留在齋的瞭解，而要進入醮的瞭解。所謂的醮，它指的就是祭的意思。那麼祭又是什麼意思？所謂的祭，它指的就是祭祀的意思。在古代，祭祀指的就是與神相通的方法。當一個人想要與神相通的時候，那麼他或她就必須透過祭祀的方法，否則要與神相通根本就不可能。由此可知，所謂的齋醮就是一種與神相通的方法[33]。

既然齋醮是與神相通的方法，那麼這就表示科儀所要達成的任務不是與人間有關的任務，而是與神相通有關的任務。從這一點來看，科儀雖然是人間的作為，但這樣的作為它所要達成的目的卻不在人間，而是在人間之外，也就是與神有關的存在。如果科儀所要達成的任務是與神有關，那麼科儀要與亡魂有關自然也就可能。因為能夠有能力與神相通，自然也就有能力與亡魂相通。這麼一來，做七的科儀當然就有資格成為溝通陰陽兩界的方法[34]。

在肯定做七的科儀具有溝通陰陽兩界的能力之後，我們接著要探討

---

item/%E7%A7%91%E5%84%80/6395943。登入日期：2022/6/14。
[32] 李豐楙、朱榮貴，《儀式、廟會與社區——道教、民間信仰與民間文化》（臺北市：中央研究院中國文哲研究所，2007年9月），頁481。
[33] 同註4，頁171。
[34] 同註30，頁20-21。

29

的,就是做七的科儀是如何幫助亡魂的。對道教而言,人之所以會有果報,主要在於人在生前的所做所為。既然是人生前的所做所為,那麼對於功的部分自然會有賞報,對於過的部分自然會有懲罰[35]。在人死後,對於生前的功與過都需要有所處理。有關過的部分,在投胎轉世之前就必須有所處理。如果沒有處理,那麼對於過的部分就等於沒有處理。有關功的部分,則需等待過的部分處理完了以後再來處理,也就是在投胎轉世時再來處理。

對人而言,有關功的部分早已在生前的所做所為中形成定論,因此就算我們想要改變它,也是心有餘而力不足。但是對於過的部分,雖然生前的所做所為確實會決定亡魂在地府的際遇,但是對於這種果報仍然有轉圜的餘地。在此,此一轉圜不是說亡魂都不需要接受果報,而是說在果報的時候可以解決果報所產生的種種副作用,像痛苦的感受。對亡魂而言,受罰所產生的痛苦是最難受的。只要減輕或消解這種痛苦的感受,那麼亡魂在地府的際遇就可以獲得改善。

而道教做七的科儀目的就在於減輕或消解這樣的痛苦感受,使亡魂在受罰時不至於陷入痛苦的深淵,可以產生新的希望。那麼它要如何減輕或消解這種痛苦的感受?首先,在做七科儀的進行中,要使亡魂自覺到懺悔的必要,清楚知道自己所犯的過錯為何。其次,要亡魂對法有所信任,相信道長所提供的法足以使其產生新的希望,未來有一天會有機會與道合一。經由這樣的過程,也就是認錯與重生,亡魂在地府的際遇就會成為一個新希望孕育的地方,受罰的過程也就變成修道的過程。

對亡魂而言,一旦進入這樣的境界,那麼在地府的受罰過程就會從負面的痛苦變成正面的希望,未來在投胎轉世以後就會形成修道的種子,對亡魂下一世的解脫輪迴、修道成仙都會有正面的效益。對家屬而言,由於他們為亡者提供做七的法事,使亡者不至於在地府中孤苦無依,完全受制於生前的果報,所以他們會覺得自己在死亡的無能中產

---

[35] 蕭登福,《道教與民俗》(臺北市:文津出版社,2002年12月),頁415。

生一種有能力的感覺。透過這種感覺，他們會認爲對於亡者終於幫上了忙。從悲傷輔導的角度來說，這種有能力幫忙的感受是很重要的，也使家屬在盡孝的過程中體認到自己還是有用的[36]。

第四節　道教做七科儀的效用

從過去傳統的經驗來看，過去的人都相信道教的做七的科儀確實對亡魂是有用的。如果對亡魂沒用，那麼道教的做七的科儀就不會成爲過去人們在辦理喪事時的主要宗教作爲之一。所以從經驗的角度來看，一個可以在一千多年始終被採納的作爲，一定是具有相當可靠性的作爲。如果這個作爲根本就不可靠，那麼在時間的洗刷中，它是很難存活下來的。就這一點而言，長時間的使用經驗成爲道教的做七的科儀有效的一種保證[37]。

不過自從西風東漸以來，在船堅炮利的打擊下，傳統中國對自己的一切失去了本有的自信，認爲自己的一切都不如西方。因此從軍事、政治、文化到生活無一不效法西方，認爲唯有效法西方中國才有機會重新富強。在這種情況下，就算是最傳統的宗教與殯葬也不例外，一切唯西方馬首是瞻，作爲道教做七的科儀自然也會遭遇同樣的衝擊。

對西方而言，科學是整個西方得以戰勝中國的唯一憑藉。所以在效法西方的同時，科學也隨之長驅直入。對中國人而言，科學就是改造傳統中國的根本。在科學的大旗底下，傳統中國的一切都需要經過科學的檢驗。凡是能夠通過科學檢驗的，那麼就可以接受，成爲未來中國的一部分。凡是不能通過科學檢驗的，那麼就不能被接受，是需要被淘汰

---

[36] 百度百科：科儀條目，網址：https://baike.baidu.hk/item/%E7%A7%91%E5%84%80/6395943。登入日期：2022/6/14。

[37] 這是一般人在判斷事情時的一個標準，通常認爲同一個作爲只要存在時間愈久就愈可靠，而道教做七的科儀似乎就是這樣的一個作爲。

的，當然就不可能成為未來中國的一部分。那麼上述有關道教的做七的科儀，是否可以滿足這個要求？

就我們所知，道教的做七的科儀由於涉及的是人死後的存在，而科學所涉及的則是活著的世界，所以在範圍上道教的做七的科儀所涉及的不在科學的範圍以內。在科學決定真理以及科學決定存在的認知下，對於不在經驗範圍以內的存在，基本上人們都抱持否定的態度，認為這樣的存在不可能是真實的，只是過去人們在科學不發達時的一種迷信反應。所以有關道教的做七的科儀就被認為是一種迷信的作為，是不適合在現代繼續存在。

這樣的思維不僅存在於一九一一年以後的知識分子心中，到了一九四九年政府撤退來臺以後，更深入人心。在教育的推波助瀾下，幾乎成為全民共識。對臺灣而言，凡是不符合科學要求的就是不真實、不存在。如果要符合科學的要求，那麼就只能是經驗範圍以內的存在，至於在經驗範圍以外的，就一定不可能存在。這麼一來，有關道教的做七的科儀，就不再為人們所信任，不再能夠發揮過去幫助亡魂改善地府際遇的功能。

雖然如此，這不表示道教的做七的科儀就立刻遭遇消失的命運。之所以如此，主要在於人們的情感一時半刻很難完全接受科學的理性說法。如果人們對於亡者完全採用科學的說法，那麼人在死後只能成為物。對於所謂的物，嚴格來說，我們採取任何的殯葬作為都是沒有意義的，更不要說是道教的做七的科儀[38]。因為無論採取殯葬的作為或是道教的做七的科儀，這些作為都是違反科學的要求，只會讓人覺得很無知可笑。

然而，在情感的要求下，人們認為在人死後如果什麼都不做，那麼他們的心會很不安。所以在安心的要求下，他們認為還是要做些什麼，

---

[38] 例如社會強調孝道，如果我們沒有用禮俗來處理亡者的遺體，那麼社會就會批評我們、給我們壓力。因此，為了避免社會壓力，我們在為親人辦理喪事時就只能用禮俗來辦，表示我們符合社會對於盡孝道的要求。

像是殯葬的作為、道教的做七的科儀。只要把這些作為都做了,雖然在實質上對亡者是沒有意義與幫助的,但在做了之後就會有安心的感覺。同時對社會而言,這樣做也算是給社會一個交代[39]。

依據上述的探討,我們知道道教的做七的科儀雖然不能符合科學的要求,但在社會的要求以及人們求心安的要求下,道教的做七的科儀迄今仍有部分的人持相信的態度。所以在殯葬服務時,家屬仍然會採納道教的做七的科儀。只是隨著佛教的盛行,目前在殯葬服務上有逐漸為佛教的做七的佛事所取代。面對這種內外夾攻的局面,道教要如何因應就是一個很重要的課題。如果這個課題沒有處理好,或許有一天道教的做七的科儀就會從殯葬服務中消失。對所有的道教徒而言,這樣的消失會使他們在死亡以後失去應有的拔度機會。

如果這種失去是一種必然。那麼無論我們再怎麼努力,這樣的努力都是白努力了。不過這種失去是否必然,不是說說就算了,而要經過理性的論辯。如果論辯之後的結果就是如此,那麼我們也就只有接納,不能因為我們個人的道教徒身分就有所例外。但是如果論辯之後的結果不是如此,那麼我們就必須尋找新的機會,看道教的做七的科儀應當如何調整,才有繼續存在的價值。由此可知,論辯的結果對道教的做七的科儀的生死存亡具有關鍵性的作用。

那麼所謂的理性的論辯是什麼?就我們所知,就是要從科學本身的真理地位反省起。如果科學的真理地位是無可挑戰的,那麼我們就只能接受。可是如果科學的真理地位並不像想像中的那麼穩固,那麼我們自然就有挑戰的機會。對我們來說,科學適用的範圍很清楚,就是在經驗的範圍。也就是說,它對經驗以外的範圍是無能為力的。如果這時它還希望使得上力,那麼這種使得上力就是一種妄執,是違反科學的要求。所以從這一點來看,科學的真理地位不是無可挑戰的,它還是有它適用

---

[39] 嚴格說來,如果人死了以後就變成物,那麼這個物應該就是廢棄物。既然是廢棄物,那麼我們應當做的事情就是將之丟棄,而不是用殯葬作為或道教的做七科儀來處理。因為這樣的處理是沒有意義的,也符合人對物的處理習慣。

的範圍。

　　如果科學有其適用的範圍，那就表示它的真理地位不是絕對的。既然不是絕對的，那麼對道教的做七的科儀來說，這就是一個機會。因為道教的做七的科儀所要處理的對象，不是經驗範圍以內的對象，而是在經驗範圍以外的死後存在的對象。因此基於對象性質的不同，科學就不再具有評判的資格。如果要有所評判，那現在，問題出來了。對我們而言，我們的確生存於經驗的世界，對於經驗以外的世界確實沒有能力去認知。但是這種沒有能力並不代表我們完全沒有機會。實際上，除了經驗的能力以外，我們還有體驗的能力[40]。從現有的經驗來看，人在與存在接觸時不是只有經驗，也可以用心體會。當人用經驗與世界接觸時，所接觸的就只是物質的世界。當人用體會與世界接觸時，所接觸的就是精神的世界，也就是經驗以外的世界。所以，心的體會能力就是另外一種接觸的能力。

　　對道教的做七的科儀來說，它的作用就在於與死後的存在溝通。雖然這種溝通具有主觀性，也不見得可以進行客觀的驗證，但是在溝通上仍然可以具有它的效力，只是這種效用是屬於個別主體的。因此如果要驗證這種效力，那麼就只能回歸主體本身。當主體感應到亡魂在地府的狀態，那麼主體就有機會可以協助亡魂改善他或她在地府的際遇[41]。這時亡魂就有機會可以獲得拔度，不再完全受制於生前的所做所為所帶來的果報。

　　依據上述的探討，我們就可以簡單結論如下：第一、我們這個時代是一個科學的時代，無論我們願不願意，都必須以此做為判斷真理與存在的標準；第二、既然科學是一切判斷的標準，因此在真理與存在的判斷上就必須以經驗為準，凡是經驗範圍以內的，就必須符合經驗的要求；經驗範圍以外的，就不能承認它們的真理性與存在性；第三、道教

---

[40] 例如中國的儒釋道特別強調體驗，它和西方的客觀認知不同。前者強調知行合一，後者強調知行分離。

[41] 同註4，頁229。

的做七的科儀所要處理的對象就是在經驗範圍以外的亡魂,所以他們的存在既無法證實,更令人質疑;第四、在這種情況下,道教的做七的科儀之所以繼續存在,純粹只是個人情感作用的結果,或是社會要求的結果,並沒有實質的效用;第五、科學雖然是以經驗作為標準,但在經驗之外它就失去判斷的憑依,所以也就失去判斷的資格,自然不再具有真理的地位;第六、在失去絕對真理地位的同時,科學對於道教的做七的科儀也就不再具有評判的資格,只要我們可以從體驗的角度重新思考道教的做七的科儀的效用,那麼就有機會讓道教的做七的科儀在殯葬服務上起死回生,再度發光發熱。

第三章

研究方法與操作

- 文獻分析及深度訪談的意義
- 文獻分析及深度訪談的對象選擇
- 文獻分析及深度訪談的方法操作
- 方法的信度及效度的問題
- 研究倫理

第一節　文獻分析及深度訪談的意義

　　根據上述有關研究方法選擇的探討，我們在此選擇了文獻分析的方法和深度訪談的方法。對我們而言，之所以選擇這兩種研究方法各有各自的理由。就第一種研究方法而言，選擇的理由是文獻分析的方法可以提供我們過去研究的成果。當然此處所謂的過去研究成果，實際上指的不只是過去在道教做七科儀問題上的研究成果，也包括到目前為止的研究成果。只是在表達上不夠精確，所以才會有澄清之必要，以免造成不必要的誤解，誤以為文獻分析的方法所能提出的研究成果不包括現在，只涵蓋過去。

　　就第二種研究方法而言，選擇的理由是深度訪談的方法可以提供我們目前人們的想法。對我們而言，要瞭解現在人的想法並沒有那麼簡單。因為現在的人的想法未必就會表現在文獻上，也就是經由研究相關成果的發表，以論文、報告或書籍的方式呈現。如果我們希望能夠瞭解現代的人對於道教做七科儀的問題是怎麼想的，那麼就必須透過深度訪談的方法。唯有透過這一種方法，我們才能從訪談當中得知現代人對於道教做七科儀的問題是怎麼看的。

　　經過上述這兩種方法的合作，那麼對於道教做七的問題我們不僅可以瞭解從過去到現在的研究成果為何，還可以瞭解現在的人對於道教的做七科儀問題是怎麼看的、他們目前的意見為何。在統整這兩種方法所蒐集到的資料，我們就會清楚知道對於道教做七科儀的問題，到目前為止人們的看法為何，對我們而言，這些資料的蒐集是很重要的。唯有完整蒐集到這些資料，那麼在道教做七科儀問題的研究上，我們才能說這樣的研究具有參考的價值。因為所有的研究都是一種知識的累積，而這

第三章　研究方法與操作

種資料蒐集的完整性恰巧就是這種知識累積的基礎[1]。

那麼什麼是文獻分析的方法？對此我們需要做進一步的說明。所謂的文獻分析，顧名思義，就是對文獻加以分析。只要利用對文獻分析的方法，我們都可以稱之為文獻分析的方法[2]。但是如果我們對文獻分析的方法的瞭解就這麼表面，那麼就很難好好掌握這個方法。因為所謂的文獻分析的方法，絕對不只是把文獻蒐集起來那麼簡單。如果真的那麼簡單，那麼文獻分析的方法也就沒有什麼了不起，純粹只是文獻資料的蒐集。

實際上，從文獻分析方法的運用上，我們發現文獻分析的方法除了蒐集資料外，它對於資料還會進行歸類。經由歸類，它就可以清楚知道從過去到現在對那一類的問題是怎麼看的。不過只有這樣的瞭解還是不足的，因為文獻分析的方法不只要瞭解從過去到現在對於這個問題是怎麼看的，還要看出這些看法之間的關聯，瞭解它們彼此之間的演變脈絡。經由這樣的比較過程，我們就會發現文獻分析的方法不只是一種蒐集資料的方法，也是一種瞭解資料的方法，更是一種瞭解資料彼此之間順序與同異的方法[3]。一旦我們有了這種比較深入的瞭解，那麼在文獻分析方法意義的瞭解上就會比較深入與如實。

在瞭解文獻分析的方法的意義以後，我們進而探討深度訪談方法。同樣地，對深度訪談的方法，我們一樣可以從字面上的意思來瞭解。依字面上的意思來說，所謂的深度訪談就是透過訪談的方式來蒐集資料[4]。所以在資料的蒐集上，就不能像文獻分析的方法那樣以文獻為

---

[1] 胡龍騰、黃瑋瑩、潘中道譯，Ranjit Kumar著，《研究方法——步驟化學習指南》（臺北市：學富文化事業有限公司，2002年2月），頁32。

[2] 百度百科：文獻分析法條目，網址：https://baike.baidu.hk/item/%E6%96%87%E7%8D%BB%E5%88%86%E6%9E%90%E6%B3%95/2667081。登入日期：2022/6/15。

[3] 鈕文英，《研究方法與設計——量化、質性與混合方法取向》（臺北市：雙葉書廊有限公司，2021年2月），頁722。

[4] 鄧恩遠、于莉，《社會調查方法》（北京：中央廣播電視大學出版社，2011年9月），頁164。

主,而必須經由訪談的過程才能蒐集到資料。不過這種瞭解並不能讓我們深入深度訪談此一方法的意義。因為它只告訴我們此一方法的目的在於透過訪談的過程蒐集資料。

既然這種從字面意思來瞭解深度訪談方法的意義太過膚淺,那麼我們要如何深入深度訪談方法的意義?對此,我們需要從深度訪談的問題著手。就我們所知,深度訪談與漫談不同。如果只是漫談,那麼所談論的話題就容易失焦,也失去蒐集資料的效果。對我們而言,要蒐集資料不是為了蒐集任何資料,而是要蒐集特定資料。既然所蒐集的資料是特定的,那麼在深度訪談過程中就必須有方向。經由此一方向的引導,我們所蒐集到的資料才能滿足我們的特定需求,否則漫談的結果是無法達成我們蒐集資料的目的[5]。

為了達成這一點,當我們在蒐集資料時就必須依據上述的方向來蒐集。但是只有方向是抽象的,無法具體操作,更無法落實我們蒐集特定資料的目的。所以為了使這樣的資料蒐集能夠符合我們的需求,在深度訪談時就必須有問題的設計。經由這些相關問題的引導,我們在蒐集資料時就不會失焦,而可以按照我們原先所想那樣蒐集到相關的資料。由此可知,訪談問題設計得當與否,是會影響我們蒐集資料的成果。所以在深度訪談方法的運用上,相關訪談問題的設計是很重要的,表示這樣的設計是會影響整個資料的蒐集成果[6]。

當然,深度訪談的目的不僅是在蒐集特定資料,也藉由這些資料的蒐集來瞭解現在的人對於相關問題的看法。因此為了達到這個目的,我們就必須對所訪談獲得的資料進行編碼[7]。其實表面看來,編碼只是一種瞭解的程序,但是若深入瞭解,就會發現編碼不只是一種瞭解的程序,也是一種瞭解的依據。如果沒有經過編碼的程序,那麼我們就不可

---

[5] 同註4,頁164。
[6] 潘淑滿,《質性研究——理論與應用》(臺北市:心理出版社股份有限公司,2004年3月),頁155。
[7] 同註2。

第三章　研究方法與操作

能清楚知道現在的人對於問題的看法。從這一點來看，編碼是讓我們清楚瞭解深度訪談中資料所要呈現的意義。

　　經過上述的說明，我們就會發現深度訪談的方法在意義上絕對不是表面所見那樣，只是一種單純的資料蒐集方法。如果它只是一種單純資料蒐集的方法，那麼這種方法的價值就不高。因為只有資料的蒐集不代表對於這些資料就有瞭解，更不代表這樣的瞭解是正確的、深入的。如果我們要達到正確、深入的瞭解，那麼在資料的蒐集之外還要進行編碼。透過編碼的程序，我們不僅可以瞭解受訪者的想法，還可以在其陳述過程中得知這些想法有無衝突、矛盾的地方，或是有其獨到的見解。由此可知，深入瞭解深度訪談的方法就不能把此一方法從表面定位在單純資料的蒐集上，而要把此一方法進一步定位在意義的瞭解上，從這些意義的瞭解深入得知受訪者對於問題所抱持的看法。

第二節　文獻分析及深度訪談的對象選擇

　　在瞭解文獻分析及深度訪談這兩種方法的意義以後，我們接著要探討的是對象的問題。初步看來，按照對這兩種研究方法意義的瞭解，在此所謂的對象當然可以泛指任何文獻或人。因為對我們的研究而言，任何文獻或人都可以產生其應有的貢獻。但是這種說法是有其前提的。如果我們把研究的時間拉長，那麼從萬事萬物彼此的關係來看，這種整體性的研究當然對我們是有幫助的。不過受到研究時間有限的限制，如果我們要採行這樣的研究策略基本上是不可行的。因此在對象的選擇上必須有所限定，否則要研究出成果是不太可能的。

　　既然要對對象進行選擇，那麼在選擇上我們應該選擇那些對象？受到學術專業分工的影響，如果我們想要使研究能夠擁有具體的成果，那麼在對象的選擇上就必須有所限定。唯有在對象限定之後，那麼研究才能聚焦，對所研究的問題才能產生具體的成果。如果沒有，只是泛泛之

談，無論談得再好，對所研究的問題是很難產生具體成果的。所以為了使整個研究具有具體成果，當我們在選擇對象時，就必須扣緊我們所要研究的問題。在研究問題的引導下，我們在研究時才能聚焦，也才有機會產生具體的成果。

既然如此，有關研究問題的選擇就會決定研究對象的選擇。如果研究問題選擇對了，那麼在研究上這種問題的選擇就是正確的第一步，對整個研究都可以產生正面的效果。相反地，如果研究問題選擇錯了，那麼在研究上這種選擇就是錯誤的，要對整個研究帶來正面的效益就會變得很困難。因此當我們在選擇問題時，就要看這個問題是否具有研究價值。如果有，那麼對研究來說就是正確的第一步。如果沒有，那麼對研究來說就是不正確的第一步。

那麼研究問題要如何選擇才會正確？對我們而言，文獻分析的方法就是一個好的開始。就文獻分析的方法而言，它的第一步就是對資料的蒐集。為了蒐集資料，它必須博覽群籍，無論是什麼文獻，它都沒有遺漏的權利。可是群籍似海，要大海撈針是不可行的。所以它必須有個自覺的前提，就是研究者感興趣的是什麼？從此一興趣出發，研究者就可以在博覽群籍時有個方向。凡是與這個方向相合的就加以蒐集，凡是與這個方向不合的，既使個人突然有興趣，也只能割愛。如此一來，在似海的群籍中，我們在蒐集資料時就不會茫茫然，也才會出現具體的成果。

對研究者而言，由於個人的道長身分，因此在研究時自然會關心與道教有關的問題。只要道教有什麼問題出現，迄今尚未解決，那麼這個問題就是個人所關心的。就個人所見，道教的形式化是一個很大的問題[8]。本來過去在道教的信仰上，這個問題並不嚴重，但是在西方科學的衝擊下，傳統的道教信仰被批評為迷信，認為只是一種騙人的把戲。

---

[8] 正如上述第二章所言，道教科儀愈來愈形式化，使道教的科儀變成一種技術性的操作，不再具有原來的意義與效用，久而久之，道教的科儀就會失去人們的信任，慢慢地為時代所淘汰。

第三章 研究方法與操作

在這種情況下,道教變成一種只是主觀安慰人心的傳統作為,不再具有實質的效用。如果這就是確定的結論,那麼我們的研究就沒有意義。幸好科學的有效範圍僅止於經驗,對於超經驗的部分它是無能為力的。所以如何化解形式化的問題,是身為道長在研究上應盡的責任。

由於研究者目前就讀的是尼加拉瓜太平洋大學的殯葬事業管理研究所,而這個研究所號稱是全世界第一個有關殯葬的專業研究所,因此在問題的研究上當然不能偏離這個領域。如果偏離這個領域,那麼這樣的研究就不夠專業。如果要專業,那麼在問題的選擇上就必須與殯葬有關。就個人學習所知,在殯葬服務上就有與道教有關的部分。過去殯葬業者在提供殯葬服務時,都會有宗教的部分[9]。就這一部分而言,它不僅是殯葬業者的服務要求,也是消費者,包括家屬與亡者的要求。既然是大家的要求,那就表示在辦理喪事時,這是處理殯葬事務時的要求。如果有人沒有做到對於這種要求的滿足,那麼提供殯葬服務的業者就會被認為不專業。如果他們能夠滿足這樣的要求,那麼就會被肯定。從這一點來看,我們把道教問題當成研究問題就沒有離題。

但是道教範圍有那麼廣,有什麼問題是和殯葬服務有關的。就此而言,做七的科儀會是一個很好的切入點。因為在殯葬服務中,過去確實是以道教的做七科儀為上。雖然隨著時代的變遷,道教做七的科儀逐漸為佛教的做七科儀取代,但彼此之間都遭遇相同的問題,也就是形式化的問題。如何讓這些做七的法事或科儀可以化解形式化的問題,對佛教或道教而言都很重要。因此基於這樣的問題意識,對身為道長的研究者,就把道教做七的科儀當成研究的問題。

在這個問題意識的引導下,當我們在選擇文獻的對象時就不會漫無目的,而可以有個方向,凡是與道教做七科儀有關的文獻都是我們需要蒐集的,凡是與道教做七科儀無關的就不是我們所要蒐集的。經過這樣

---

[9] 例如做七的部分,過去就有佛教與道教的做七,這些宗教的作為目的在於補禮俗之不足,希望對亡者死後的際遇有所改善。

43

的檢別過程,在資料的蒐集上我們就不會錯收資料,也不會達不到蒐集的效果。對我們而言,這樣的資料蒐集方式是有效的,也能滿足我們在研究上的需求。不過這種蒐集還是會有其缺點存在。因為會有多少資料可以蒐集,完全不在我們掌控範圍。如果資料夠,那麼在研究上就會便利很多、在研究成果上也會比較豐碩。如果資料不足,那麼在研究上就會比較麻煩,在研究成果上就會比較差一點。

就我們蒐集的結果,我們發現對於道教做七的科儀有過研究的文獻並沒有那麼多。除了少數的研究成果之外,一般而言,會有研究的主要集中在佛教做七的法事。既然如此,這是否就表示此一問題就沒有研究價值。實際來說,答案並非如此。因為道教做七的科儀雖然現在不再是殯葬服務上宗教部分的主流,但這樣的非主流現象是有其形成原因的[10]。只要我們可以把原因找出來,並加以解決,那麼道教做七的科儀仍然有其研究的價值,對此完全不需我們去擔心。

不過只交代文獻分析方法所要蒐集的對象,在整個研究上還是不足的。對我們而言,要完整瞭解與問題有關的看法,仍需要借助深度訪談的方法。因為文獻告訴我們的是從過去到現在的研究成果,對於目前一般人的看法其實會有時間的落差。更何況如果這些文獻的成果又是屬於比較早期的,對現在的變化並沒有深入研究,那麼這些文獻所反映出來的成果,也就只是之前的成果,對現在的人的看法的獲得並沒有幫助。所以為了補足這種可能的缺失,我們才會加上深度訪談的方法,以便獲得現在的人對於問題的看法。

表面看來,深度訪談的方法既然是要瞭解現在的人對於問題的看法,那麼我們是否只要隨便找個人問問看就好了?其實在對象的選擇上並沒有那麼簡單。因為隨便找個人問問看,當然可以作為一個訪談的策略,但重點就在於效果的獲得。如果這個策略不足以達成這效果,那麼

---

[10] 其中最主要的原因之一就是佛教的知識化、科學化。經由此一作為的長期推動,使佛教逐漸為知識分子所接受,相對地,道教就缺乏這樣的作為,結果逐漸被邊緣化,從主流信仰變成非主流信仰。

第三章 研究方法與操作

這個策略就是不合適的。對我們而言，用了一個不合適的策略就是浪費時間與精力。在研究時間與個人精力有限的情況下，我們當然要找到合適的策略，以產生最大的效果。基於這樣的要求，當我們在做深度訪談方法對象的選擇時，就必須考慮這個要求的滿足。依此，我們就必須考慮何種對象才是最相干的問題。

從上述的問題意識來看，我們要找的對象就是瞭解道教做七科儀的人。那麼在一般的認知中，有哪一些人對道教做七科儀會比較瞭解？通常從執行的角度來看，最瞭解道教做七科儀的人應該就是道長或道士。因為如果他們都不瞭解，那麼在執行上就很難做得很專業。所以從這一點來看，我們在深度訪談對象的選擇上，就應以道長或道士作為最優先的選擇。不過在此還有一個問題需要考慮，就是所選擇的道長或道士必須是做喪事的道長或道士，也就是俗稱的黑頭司公[11]。如果不是，而是做醮的道長或道士，也就是俗稱的紅頭司公[12]，那麼選擇他們就是不合適的。

其次，我們第二個要選擇的對象就是殯葬業者，雖然這些殯葬業者本身不一定就是道長或道士，但基於殯葬道教做七科儀服務的需求，他們對於能夠提供做七科儀服務的道長或道士必須熟悉。如果他們不熟悉，那麼在服務上就不能媒介比較好的道長或道士，這時家屬就會抱怨，甚至投訴。因此為了避免在服務上遭受家屬的抱怨或投訴，他們對於從事道教做七科儀的道長或道士必須有所瞭解。就這一點而言，他們對於道教的做七科儀或多或少還是需要瞭解一些，如此方能提供比較好的服務。

此外，我們第三個要選擇的對象就是研究殯葬的學者。雖然這些研究殯葬的學者不見得本身就有殯葬服務的經驗，但是站在研究的立場，只要是值得研究的問題，他們都會加以研究。在研究時，他們就不會只

---

[11] 維基百科：法師條目，網址：https://zh.wikipedia.org/zh-tw/%E6%B3%95%E5%B8%88。登入日期：2022/6/15。
[12] 同註11

著重在現象的部分,還會深入現象背後的意義。從這一點來看,這些學者的研究對於問題的深度瞭解是有幫助的,也可以讓我們清楚知道問題的爭議何在。所以根據這樣的理由,我們才會想到把研究殯葬的學者,當然在此所指主要是研究道教做七科儀的學者,納入對象的選擇之中。

最後,我們第四個要選擇的對象就是家屬。那麼就被服務的角色而言,家屬原則上平常應該不會對道教做七的科儀有所瞭解。雖然如此,我們在研究上這一部分所需要的不是家屬的專業瞭解,而是家屬對於此一做七科儀的想法與感受。例如他們為何要選擇道教做七的科儀、他們認為這樣的做七科儀有沒有用等等。一旦瞭解家屬對這些問題的看法與感受,那麼我們在研究上,就可以清楚知道目前一般人的認知與反應為何。對我們而言,這也是完整問題研究的部分之一。

第三節　文獻分析及深度訪談的方法操作

就文獻分析方法的運用而言,我們先從國家圖書館的臺灣博士碩論文知識加值系統開始查詢起。在此,我們把本論文的題目「從殯葬服務的角度探討道教做七的科儀問題」當成論文名稱與關鍵詞進行查詢,經查詢結果,發現並沒有任何一本博碩士論文與本論文在題目名稱與關鍵詞上完全一致[13]。對我們而言,這種相同研究的缺乏表示此一問題至少在過去沒有做到專門研究。既然沒有人做過專門研究,那就表示這個題目至少是一個具有研究價值的題目。雖然這個題目的研究價值到底有多大,我們在此實在無法論斷,但至少沒有人做過專門研究,就表示它還是具有某種研究價值。更何況從上述所言,我們已經知道在殯葬服務上這的確是個具有實務價值的題目,表示它還是具有某種研究價值的。

為了確保文獻蒐集無所遺漏,我們進一步嘗試用道教做七這個詞進

---

[13] 徐福全,《臺灣民間傳統喪葬儀節研究》(臺北市:徐福全,1999年3月)。

第三章　研究方法與操作

行查詢。經過查詢，發現以一般民眾的身分查詢的結果，一樣查不到相同的題目[14]。只好改弦易轍，以研究員與校院系所及研究生身分查詢，結果發現有一篇碩士論文。這篇論文是二〇一八年輔仁大學宗教學系碩士在職專班的論文，題目是「大臺北地區做七儀式的研究」[15]。雖然在題目名稱上與本論文不完全一樣，至少在做七的部分有相關性。為了進一步確認此一相關性相關到什麼程度，我們進到目次部分查看。經過查看結果，發現有兩個部分有關，其中第三章的第二節探討道教的做七法事、第三節探討簡葬政策下的做七[16]。

　　除了從上述臺灣博碩士論文知識加值系統查詢文獻以外，我們也從過去的學術出版品中查詢相關的論文或著作。經過查詢結果，發現找不到與本論文題目完全一致的出版品。如果要有，也是與本論文中的道教做七科儀有所相關。對此，其中主要的就是徐福全教授的《臺灣民間傳統喪葬儀節研究》，這是他在一九八四年拿到博士學位的博士論文[17]。在本書中，他用田野調查的方式跑遍臺灣各地，對當時的喪葬儀節進行記錄與研究。在書中的第六章，就有一節探討與做七有關的部分，而道教的做七科儀又是一部分中的一部分[18]。

　　在討論過文獻分析方法的運用以後，我們接著討論深度訪談方法的運用。對深度訪談的方法運用而言，它的目的不在文獻的蒐集，而在訪談資料的蒐集。所以在操作上就必須經過訪談。正如上述所言，要訪談也不是什麼人都可以訪談，必須是對道教做七科儀問題有所瞭解的人。可是對於這些人在訪談的時候要怎麼訪談呢？如果訪談的人事先對於道教做七的科儀問題完全沒有概念，也不瞭解殯葬服務中與道教做七科儀

---

[14] 同註13，頁429-452。

[15] 國家圖書館：臺灣博碩士論文知識加值系統，網址：https://ndltd.ncl.edu.tw/cgi-bin/gs32/gsweb.cgi?ccd=JLmLs5/search#result。登入日期：2022/6/15。

[16] 國家圖書館：臺灣博碩士論文知識加值系統，網址：https://ndltd.ncl.edu.tw/cgi-bin/gs32/gsweb.cgi?ccd=JLmLs5/record?r1=1&h1=4。登入日期：2022/6/15。

[17] 同註15

[18] 同註15

相關的問題，那麼這時要使訪談蒐集到具有價值的資料就不可能。所以訪談者可以利用上述文獻分析方法所蒐集到的資料作為參考，由之獲得訪談所需的知識背景。

根據這樣的知識背景，首先我們對整個研究提出一個大綱，表示我們清楚知道在研究時，這樣的研究要往什麼方向進行。其次，在這個大綱的引導下，我們清楚知道對於這個研究的方向要如何落實，也就是與方向落實有關的訪談問題要如何設計。經過這樣的程序，我們一共設計幾種訪談問題，與道長或道士有關的訪談問題、與殯葬業者有關的訪談問題、與研究殯葬的學者有關的訪談問題、與家屬有關的訪談問題。

以下我們針對這些訪談問題做進一步的說明。首先我們說明道長與道士的部分。對此我們設計六個問題。其中第一個問題是在治喪過程中為何要用到道教做七科儀；第二個問題是道教做七科儀的意義為何；第三個問題是道教做七科儀的內容為何；第四個問題是這些做七科儀內容為何要這樣安排；第五個問題是這些做七科儀有沒有實質效用；第六個問題是如果沒有實質效用，是否有調整可能、應如何調整。

其次我們說明殯葬業者的部分。對此我們設計七個問題。其中第一個問題是在治喪服務中，是否需要用到道教做七科儀；第二個問題是做七共有哪幾種；第三個問題是道教做七科儀的內容為何；第四個問題是家屬為何會選擇道教做七科儀；第五個問題是這些道教做七科儀有何效用；第六個問題是這些效用是否真實有效；第七個問題是如果沒有實質效用，是否有調整的可能、應如何調整。

再來我們說明研究殯葬的學者的部分。對此我們設計六個問題。其中第一個問題是在治喪過程中道教會有哪一些科儀作為；第二個問題是這些作為中為何要有做七的作為；第三個問題是在做七時要做哪一些事情；第四個問題是做七的作為有何種效用；第五個問題是現行做七的作為是否具有實質效用；第六個問題是如果沒有實質效用，是否有調整的可能、應如何調整。

最後我們說明家屬的部分。對此我們設計六個題目。其中第一個問

題是在治喪過程中為何會選用道教做七科儀;第二個問題是道教做七科儀的意義為何;第三個問題是道教做七科儀的內容為何;第四個問題是道教做七科儀的效用為何;第五個問題是做七科儀有沒有實質效用;第六個問題是如果沒有實質效用,是否有調整可能、應如何調整。

在經過上述訪談問題的訪談,我們就可以蒐集到上述這四種人對於道教做七科儀的資料。對於這些資料,為了進一步瞭解其中所呈現的觀點、看法與主張,我們需要對之進行編碼。在編碼過程中,不是所有的資料都以觀點、看法與主張的面貌出現,也有很多不相干的部分。所以在編碼時,我們必須以觀點、看法與主張為主進行編碼,使這些觀點、看法與主張不至於有所遺漏。經過這樣的程序,我們就可以瞭解上述這四種人對於道教做七科儀的看法。

第四節　方法的信度及效度的問題

依據上述深度訪談方法所提供的操作,我們可以得知上述這四種人對於道教做七科儀問題看法的資料。對於這些資料,我們不僅要經過錄音轉成文字檔,把這些錄音檔做真實的轉錄,使之在文字呈現時能夠原音重現,還要對這些原音重現的文字進行編碼,使編碼之後的觀點、看法與主張,都能夠把受訪者的真實想法呈現出來。一旦做到這一點,那就表示這樣的訪談與編碼是成功的。如果做不到這一點,那麼這樣的訪談與編碼就是失敗的。對我們而言,只有在訪談與編碼時都能成功,這樣的研究才算圓滿。

問題是,要如何證明我們的訪談與編碼都沒有問題?當然,最直接的方式就是求證於受訪者[19]。對於受訪時的錄音,如果在轉成文字檔以後,進一步將文字檔送給受訪者,請受訪者做進一步的確認,那麼這種

---

[19] 同註6,頁101。

確認後的資料,就可以算是忠實於原受訪者的資料。如果我們沒有這樣做,而只是把錄音檔轉成文字檔,那麼這時所得到的文字檔是否如此如實,其實是有疑慮的。所以為了避免產生這種疑慮,使文字檔的忠實度可以提高,我們在將錄音檔轉成文字檔以後,最好是把文字檔再送給受訪者做最後的確認。

不過這種確認只是確認資料的正確性,並不等於在編碼時有關資料的解讀就沒有問題。如果要在編碼時不出現解讀的問題,其實還是需要有一些作為的。首先對於所得到的初步訪談資料必須詳讀。因為如果沒有詳讀,那麼在理解時就可能疏漏。在疏漏的情況下,不僅理解會不完整,也可能會帶來偏差,因此在閱讀時必須詳盡、完整。

其次在詳讀初步訪談資料之後,我們就會進入編碼的階段。在編碼時除了要注意對於訪談資料所呈現出來的觀點、看法與主張要確實標示出來,並進一步編碼外,也要注意有無遺漏的地方。因此在編碼時除了要自己親自編碼外,也需要借助其他人的協助確認。因為在不同人的確認下,相關的誤解就有可能降到最低。如果沒有其他的人的協助確認,那麼對於相關的誤解可能就會增加。所以他人的協助確認也是提高解讀信度與效度的方法之一[20]。

當然除了他人協助確認以提高解讀的信度與效度之外,研究者本身的解讀敏感度也很重要。因為對於受訪者而言,當其在受訪時,對其受訪所說出的言論,不見得都經過深思熟慮才說出來,有時並沒有那麼嚴謹,甚至有相互衝突的說法出現。對此如果我們解讀的敏感度不夠高,自身對問題的邏輯性不夠強,很可能就看不出來。如此一來,對我們的研究都是一個傷害。對此,身為研究者的我們是要特別小心的。

經過上述的程序,在對受訪資料進行編碼時,就可以提高相關的信度與效度。例如從信度的角度來看,把受訪資料從錄音檔變成文字檔時

---

[20] 同註6,頁101。

第三章 研究方法與操作

的忠實呈現，就是一種信度的表示[21]。又如從效度的角度來看，把受訪資料轉成文字檔以後再交給受訪者確認，就是一種效度的表示[22]。同樣地，對受資料本身的編碼而言，如果所編碼出來的受訪觀點、看法與主張都是一致的，其中並沒有相互衝突矛盾的地方，那麼這樣的編碼就可謂是滿足了信度的要求[23]。如果在編碼時，對於所編出的受訪資料的觀點、看法與主張都能忠實反映，那麼這樣的編碼就可謂是滿足了效度的要求[24]。當然對於此一效度要求的提高，我們還是需要借助其他人的協助確認，因為個人的確認效果比不上主體性的確認效果。

第五節　研究倫理

最後，對於研究倫理的部分，我們還是需要有所說明。因為對受訪者而言，他們願意受訪，對我們的研究就是很大的幫助。如果在他們願意幫助我們的情況下，我們在研究時卻又不去顧及他們的隱私與權益，那麼這樣的訪談就是不對等的。對我們而言，這種不對等情形的發生，就表示我們違反了研究倫理。如果我們不想違反研究倫理，使整個研究得以順利進行，那麼就必須顧及受訪者的隱私與權益[25]。

那麼對於這樣的隱私與權益要如何顧及？在此有一些實際的作為必須落實。首先在訪談之前，我們必須徵詢受訪者的意願，看受訪者是否有意願願意接受我們的訪談。如果受訪者不願意，那麼我們當然就不能勉強。如果受訪者願意，那麼我們就要請受訪者填具一張受訪同意書，

---

[21] 這就是指資料轉化的一致性，不要出現誤轉的部分。
[22] 這就是指資料真實性的確認，不要出現不忠實的部分。
[23] 這就是指在編碼時對同一個資料的理解都是一樣的，沒有前後不一的情形發生。
[24] 這就是指在理解時對資料本身的理解是如實的，不受意識形態與誤解的影響。
[25] 嚴祥鸞，《危險與秘密——研究倫理》（臺北市：三民書局股份有限公司，2015年10月），頁40-41。

表示他們的意願是可以藉由這一張受訪同意書來證明[26]。

其次，在受訪者同意受訪之後，我們對於受訪的時間、地點與訪談問題，都要事先說明清楚。如果沒有說明清楚，那麼受訪者在訪談時就會搞不清楚狀況，導致訪談失敗。所以為了提高訪談成功的機率，我們在訪談前就必須把時間、地點與訪談問題告訴受訪者，尋求他們的意見，看他們認為這樣的安排是否妥適。如果妥適，那就沒有問題；如果不妥適，那就調整，直到妥適為止。總之，這樣做的目的在於保證訪談的成功。

第三，在訪談過程中為了忠實記錄訪談的內容，一般而言，都會予以錄音，甚至有需要的時候還會錄影。不過無論是要錄音還是錄影，我們都需要事先告知受訪者，使其心理有所準備。此外還要經過受訪者的同意始得為之。如果沒有事先向受訪者說明清楚並經過對方同意，那麼這麼做的結果是會影響對方的知情同意權[27]。

第四，對受訪資料的使用方式與保存期限，在簽署同意書的時候，我們都要詳加說明。因為有關受訪資料使用方式的說明，主要在於安受訪者的心，使受訪者知道他們的隱私是會得到尊重的，在受訪資料的呈現上，也不會有他們自己的姓名[28]。此外，有關受訪資料保存期限的告知，主要目的在於告訴受訪者這些資料不會無限期保存，如果要保存，也只是以研究期限為準，例如三年。在期限到了以後，這些資料就會予以銷毀。

最後在受訪過程中，如果受訪者認為此一訪問過程不宜再進行下去，那麼受訪者有權利可以隨時終止訪談[29]。當然，對於這樣的中止權利，我們在訪談正式開始之前就必須予以告知，讓受訪者清楚知道。否則在訪談進行時，受訪者遇到不想再訪談下去的情況時，就不知如何

---

[26] 同註25，頁54。

[27] 同註3，頁131。

[28] 同註25，頁53。

[29] 同註3，頁133。

是好，也會影響整個訪談的順利進行。所以在事先讓受訪者清楚知道，他們擁有可以隨時終止受訪的權利，對整個訪談的順利進行是會有幫助的。

第四章

深度訪談結果分析

- 受訪者基本資料分析
- 道教做七科儀的用意與意義
- 道教做七科儀的作為與作用
- 道教做七科儀的限度與調整的可能

第一節　受訪者基本資料分析

在經過研究方法與操作的說明之後，我們接著說明與分析深度訪談對象的基本資料。就這些訪談對象而言，我們分別訪談了三位道長（編碼是A1、A2及A3）、兩位學者（編碼是B1、B2）、兩位殯葬業者（編碼是C1、C2）、一位家屬（編碼是D1），合計八位。在基本資料部分，道長一共問了姓名、年齡、性別、宗教信仰、身分、年資及做七經驗七個問題；學者一共問了姓名、年齡、性別、宗教信仰、身分、年資及做七經驗七個問題；殯葬業者一共問了姓名、年齡、性別、宗教信仰、身分、年資及做七經驗七個問題；家屬一共問了姓名、年齡、性別、宗教信仰、身分及做七經驗六個問題。在這些問題中，姓名部分基於研究倫理要求不予以討論，只討論剩下的其他問題。

就年齡的部分，31-40歲之間共有三位，40-50歲之間共有四位，51-60歲之間共有一位。依比例來看，31-40歲所占比率為37.5%，41-50歲所占比率為50%，51-60歲所占比率為12.5%。

表4-1　受訪者年齡人數與比例

年齡	人數	百分比
31-40	3	37.5%
41-50	4	50%
51-60	1	12.5%
小計	8	100%

就性別的部分，男性有五位，女性有三位。依比例來看，男性所占比例為62.5%，女性所占比例為37.5%。

第四章　深度訪談結果分析

表4-2　受訪者性別人數與比例

性別	人數	百分比
男	5	62.5%
女	3	37.5%
小計	8	100%

就宗教信仰的部分，信仰道教的有五位，無任何信仰的有三位。依比例來看，道教所占比率為62.5%，無任何信仰所占比率為37.5%。

表4-3　受訪者宗教信仰人數與比例

宗教信仰	人數	百分比
道教	5	62.5%
無任何信仰	3	37.5%
小計	8	100%

就身分的部分，道長有三位，殯葬業者有兩位，學者有兩位，家屬有一位。依比例來看，道長所占比例為37.5%，殯葬業者所占比例為25%，學者所占比例為25%，家屬所占比例為12.5%。

表4-4　受訪者身分人數與比例

身分	人數	百分比
道長	3	37.5%
殯葬業者	2	25%
學者	2	25%
家屬	1	12.5%
小計	8	100%

就年資的部分，家屬部分不計算在內，只論從業年資與研究年資。十年以下的有兩位，十至二十年的有三位，二十年以上的有兩位。依比例來看，十年以下的所占比率為28.6%，十至二十年所占比率為42.8%，

二十年以上的所占比率為28.6%。

表4-5 受訪者年資人數與比例

年資	人數	百分比
10年以下	2	28.6%
10-20年	3	42.8%
20年以上	2	28.6%
小計	7	100%

就做七經驗的部分，有做七經驗的有八位。依比例來看，有做七經驗的所占比率為100%。

表4-6 受訪者做七經驗有無人數與比例

做七經驗	人數	百分比
有做七經驗	8	100%
小計	8	100%

第二節　道教做七科儀的用意與意義

就深度訪談問題的內容而言，我們進一步把深度訪談的問題歸為三類。其中第一類的問題包括殯葬業者版的第一題：請問您認為在治喪服務中是否需要用到道教做七科儀？第二題：請問您知道做七有很多種嗎？有哪幾種？第四題：請問您服務過的家屬為何會選擇道教做七科儀？學者版的第一題：請問在治喪過程中道教會有哪一些科儀作為？第二題：在這些作為中為何要有做七的作為？道長版的第一題：請問在治喪過程中為何要用到道教做七科儀？第二題：請問道教做七科儀的意義為何？家屬版的第一題：請問在治喪過程中您為何會選用道教做七科

第四章　深度訪談結果分析

儀？第二題：請問您瞭解道教做七科儀的意義為何嗎？

第二類的問題包括殯葬業者版的第三題：請問您清楚道教做七科儀的內容嗎？內容為何？第五題：請問您認為這些道教做七科儀有何效用？學者版的第三題：請問在做七時要做哪一些事情？第四題：請問做七的作為有何種效用？道長版的第三題：請問道教做七科儀的內容為何？第四題：請問您清楚這些做七科儀內容為何要這樣安排？家屬版的第三題：請問您知道道教做七科儀的內容為何嗎？第四題．請問您清楚道教做七科儀的效用為何嗎？

第三類的問題包括殯葬業者的第六題：請問您認為這些效用是否真實有效？理由為何？第七題：如果您認為沒有實質效用，是否有調整的可能？應如何調整？學者版的第五題：請問您認為現行做七的作為是否具有實質效用？何以會有效用？第六題：如果沒有實質效用，是否有調整的可能？請問應如何調整？道長版的第五題：請問您認為這些做七科儀有沒有實質效用？第六題：如果沒有實質效用，是否有調整可能？應如何調整？家屬版的第五題：請問您認為做七科儀有沒有實質效用？第六題：如果沒有實質效用，是否有調整可能？應如何調整？

其中有關道長的部分，我們訪談了三位，編碼代號以A1、A2、A3來代表；有關學者的部分，我們訪談了兩位，編碼代號以B1、B2來代表；有關殯葬業者的部分，我們訪談了兩位，編碼代號以C1、C2來代表；有關家屬的部分，我們訪談了一位，編碼代號以D1來代表。

在此我們先論述第一類問題的訪談結果。依邏輯順序來論述，我們第一個要論述的問題是殯葬業者的第二個問題，也就是「請問您知道做七有很多種嗎？有哪幾種？」那麼為何先論述此一問題？此處所持的理由是做七有很多種，道教的做七只是其中的一種。所以我們在論述的先後順序時，自然以此一問題作為最初論述的問題，瞭解殯葬業者對於做七的問題到底所知曉得完整不完整，還是說所知曉的只是傳統的部分？

就C1的回答來看，她的回答是「做七的種類如果以佛教、道教來區分的話，那佛教的東西它就是不燒金紙，它祭品就是鮮花素果，它就

59

從殯葬服務的角度探討道教做七的科儀問題

是重視誦讀經文的部分；如果是道教做七的話，可能需要葷的祭品，現在的人也是有用素的祭品，那它也是有燒香，重點是說法師帶您誦唸經文，然後迴向給亡者的部分」（C1.2-1）、「但是會做七的都是我們佛教、道教，那基督教的部分，他們是屬於比較朗讀詩歌的部分，他們做七的話其實是簡略掉的，他們就是注重在追思會當天、追思會場部分的《聖經》還有牧師的引導，還有《聖經》的禱告，那再來就是天主教跟基督教都是大同小異，目前以上部分大概是這些」（C1.2-2）。

就C2的回答來看，他的回答是「好的，這個就像我剛才說的，這個做七的儀式，它應該不能說分幾種啊！因為，做七是做七很單純，就是帶亡者經過判官，就不同的宗教裏面，它來做的方式就很多種啊！就像剛說的佛教的做七方式、道教的做七方式，或是所謂釋教的做七方式，都可以，那他們做的東西其實做七這個部分，他們所在做的應該都是大同小異，一樣就是那個十殿慢慢過去，直到百日、對年、三年這樣整個完成之後，才稱之把整個七做圓滿這樣子，這是宗教不同才會有宗教做七方式不同，那做七在殯葬業就是很單純的，很簡單地帶著亡者經過地獄，就是這個概念」（C2.2-1）、「好，這是因為每個人的性質不同，導致他做七的種類也不同，沒錯，每個人基本上信仰不同，對每個宗教，比如說佛教，它較不燒紙、拜祭品這些東西，但是呢！它們有沒有做七呢？還是有，指它拜的方法、拜的神不一樣，請的神佛也不一樣，但是呢，還是希望說能夠把往生者帶過地獄，讓祂那個往生者受的責難能比較少一點。那道教也是一樣，其中不一樣的地方，可能它請的神是不一樣的，可能針對十殿閻羅這部分來做超度，所以在上面它所請的也不太一樣，那念的經不一樣，那拜的東西也有所不同，但它們在做的動作統稱叫做做七」（C2.2-2）。

綜合上述兩位殯葬業者的回答內容，我們發現C1的回答，認為佛教與道教會有做七的作為，而基督教就沒有，因為它把它簡略掉了。而C2的回答，認為除了佛教與道教之外，釋教也會有做七的作為。至於基督宗教的部分如何，有沒有做七的作為，他就沒有提及。由此可見，在

60

第四章 深度訪談結果分析

做七的作為上,這兩位受訪者根據他們的經驗,認為做七主要是屬於佛教、道教與釋教。

我們第二個要論述的問題是學者版的第一個問題,也就是「請問在治喪過程中道教會有哪一些科儀作為?」的問題。在此,B1並未就問題提供答案,而B2的回答是「那基本上我們在超度的儀式,道教來講算是它的科儀,那它裏面從一開始往生,人往生的時候它會有一個科儀,那它會有一個豎靈,設那個靈位,那個靈牌位這邊請他到這邊就座,甚至有些部分他們在用道教科儀做豎靈的時候,它會有魂身方面比較特別的東西呢」(B2.1-1)、「那豎靈完之後,接下來就是那個所謂的做七,每隔七日做一次七,這個做七的科儀,然後這個做七的話,就是由家屬準備祭品,在約定的時間內來幫亡者做超度」(B2.1-2)、「那做七完之後呢,還有視祂死亡的狀況,來幫祂做那些藥懺,然後打那個枉死城或是打血盆之類的」(B2.1-3)。

綜合上述兩位學者的回答內容,道教在治喪時的科儀不只有做七的科儀,還有其他的科儀,還有招魂的科儀。就招魂的部分,目的在於使亡靈得以暫住於靈位之中。就做七的科儀部分,目的在於超度亡者。同樣地,做藥懺、打枉死城與血盆的科儀都是屬於超度亡者的部分。由此可見,道教在治喪時所做的科儀目的都在於超度亡者。

我們第三個要論述的問題是殯葬業者版的第一個問題,也就是「請問您認為在治喪服務中是否需要用到道教做七科儀?」的問題,以及第四個問題,也就是「請問您服務過的家屬為何會選擇道教做七科儀」。此外,也包含學者版的第二個問題,就是「在這些作為中為何要有做七的作為」;道長版的第一個問題,也就是「請問在治喪過程中為何要用到道教做七科儀」;家屬版的第一個問題,就是「在治喪過程中您為何會選用道教做七科儀」。

就殯葬業者版的第一個問題而言,從C1的回答來看,她的回答是「我認為做七的科儀是需要的,理由當然是說不管它在實質上或者心理安慰上,我們就是幫亡者做一個引度的一些動作,做這些科儀的話,

61

從殯葬服務的角度探討道教做七的科儀問題

我們就會去引導家屬進入說,意識我們亡者已經離開了,然後藉由這些做七的科儀有所連接,就是說幫祂做個祈禱祝福的動作」(C1.1-1)、「我們需要用到的理由就是因為我們要普度這個亡者,讓祂產生效用,讓祂能夠好好地往西方極樂世界也好,或者祂去到祂想去的地方」(C1.1-2)。

從C2的回答來看,他的回答是「基本上我覺得在依整個治喪的服務過程裏面,就是這個超度安慰人心很重要的,像裏面有一些比如說需要豎靈、做七、出殯、誦經,包括說需要誦經、念經這些,所以做七科儀是非常重要的,至於說用什麼宗教儀式,是否按照道教做七,或者是佛教做七,決定權在於家屬身上。畢竟每人的宗教信仰不一樣,有的甚至是民間信仰的,他們有可能用所謂的釋教做七都有,至於說他們要選擇說哪一種來做七都OK。但若問我說在治喪過程中需不需要做七,至於說哪一個宗教先不討論啊!需不需要做七,我覺得這是一定要的,而且是非常重要的。因為這對亡者、對生者都是一種心靈上的安慰,最主要是要讓祂過十殿閻羅王,讓大家感覺祂已經經過十殿閻羅王的審判,祂的罪比較沒有那麼重了,就是這樣子,所以說我覺得這是有必要的」(C2.1-1)。

就殯葬業者版的第四個問題而言,從C1的回答來看,她的回答是「道教以臺灣來講,它是一個最傳統的一個宗教,早期可能會有佛教,佛教衍生出道教,所以大部分臺灣社會還是以道教居多,那他們為什麼堅持一定要做做七的科儀,因為他們覺得說生離死別,死是最難處理的一門功課,那死是要好好地處理,這一段可能就是要做到善終的程度,所以他們會堅持說我要做道教的科儀,因為做七,頭七到滿七這七個七,就是由土地公帶領亡者去過各殿的冥王,那他們家屬覺得說我頭七、二七這樣子陸陸續續做到七七,我每個動作、我去誦經去幫祂引度,我有做個法事,那祂可以就是整個就是亡者祂能從頭七到滿七安然過關,然後甚至就是說做七科儀能讓亡者得到一個安息的一個目的,讓祂去可能好好地投胎,然後最主要的就是說怕亡者中間有什麼過程是做

第四章 深度訪談結果分析

不好的話會回來找我,所以他們會堅持說我要做傳統的道教做七科儀,從頭七到滿七,圓圓滿滿地幫他做個總結,然後讓他圓滿,對生者、對亡者來講的話,是讓亡者好好地安息,對生者就是讓他比較可以安心這樣子」(C1.4-1)。

從C2的回答來看,他的回答是「有,一定有家屬堅持他們一定要用道教,他們可能是老一代、上一輩給他們的。這個做七它裏面的內容比較完整,以現在來說,佛教跟道教最大的差別是,佛教界是很單純的一直念經,那透過念經的功德迴向給亡者;道教就不是這樣的,它在裏面所做的東西是我們比較能夠接受的,甚至有一些老一輩的老人家會說做七就要像這樣做,這樣才是有效的,而不是這樣一直念一直念,它就能夠好了,而且有一些老人家會相信人死了之後會有土地公帶到城隍那裏去,那就帶到地獄去,那這一過程呢都符合我們道教的規範,所以他們希望以道教的方式來處理做七,這樣子才能夠去度化亡者,所以我遇到的家屬他們是這樣跟我表示啊!所以他們也選擇說一定要用道教科儀來做七,他們覺得沒有用道教的方式來做喪事是不圓滿的,大概就這個樣子囉」(C2.4-1)。

就學者版的第二個問題而言,B1的回答是「就說治喪過程當中為什麼要用道教做七儀式,因為為了滿足道教需求。就剛剛所講的,就是說因為一般的人他們就是民間信仰跟道教的神蹟信仰,其實還是有差異性。道教它拜的是三清道祖,靈寶天尊、道德天尊,還有原始天尊。那有別於一般的民間信仰的信徒,他或許會搞混,這一點剛剛有提到,所以可以具有止本清源的效果」(B1.2-1)、「道教做七的意味,因為道教認為人死之後入九幽地獄,伸手不見五指,所以它必須幫他做開魂路,就是開魂路當中,道長會拿招魂幡在亡者棺木旁,燃燒象徵性的黃紙為燈,幫亡魂象徵性照亮冥府之用,有引路的意義存在,所以他用這種方式幫他開魂路,可以讓他魂魄好走路,來去自如,就是照明九幽,冥府之路就是這樣子,所以它的意義就是這樣子」(B1.2-2)、「深層意義就是三魂七魄的問題,就是說因為整個拔度儀式,有在處理深層的

63

部分，因為道教認為七天散一魄，七七四十九天魂魄就散盡了，所以它可能就是用這種拔度儀式來所謂的安魂定魄，讓祂魂魄不要散盡，那所以在整個拔度儀式當中，它的著重點在煉度，水火煉度，就是因為祂魂魄如果散盡的話，祂很難繼續存在，就是因為煉度，它著重死魂煉度，仙化成人，祂死魂做到煉度之後，做到魂魄再次聚集在一起，死魂到了朱陵宮去，朱陵宮是煉魄的地方，死魂都要煉度，就是仙化成人再次成人，因為道教就以前的部分來講，就以前的人來講，其實它是沒有所謂輪迴的部分。它就是這一世，就是沒有下一世，沒有彼岸，所以它藉由這樣的儀式，達到死魂煉度，仙化成人。如果沒有煉度就會魂魄散盡，就什麼都沒有了啊！就是魂飛魄散啊！祂怎麼成仙成人？對不對？就是這樣」（B1.2-3）。

就B2的回答來看，他的回答是「那這個做七的由來，其實應該有點像是以這個宗教來說，就是說地獄不管是佛教或道教，我們都有一個所謂的地獄存在，地獄就是有閻羅王有判官，因為我們人在活著的時候會犯一些有心或無心的過錯，當然希望在死後能夠順利地說通過地獄能夠去轉生，然後去往另外一個世界走，然後希望能夠成佛、能夠成仙，不希望留在地獄，所以我們才會有這個做七的儀式出現」（B2.2-1）、「因為在做七，透過這個做七的功德來減輕自己的罪孽，所以我想大概治喪過程中的做七科儀是這個樣子，就是減輕自己生前所犯的過錯，然後能夠順利地到西方極樂世界，可能成仙成佛、不再進入輪迴的這個樣子」（B2.2-2）。

就道長版的第一個問題而言，A1的回答是「像我們在治喪當中道教的頭七，一般主人家本也要是道教的，才來做道教的工作，它是有前提的，不然你今天是往生者祂的家裏的宗教信仰不一樣，不可能做到頭七的科儀，跟佛教不一樣，這我要替道教發聲一下，應該怎麼說呢！應該在我們臺灣宗教比較自由，但一般我們接觸到主人家，我們也是要尊重他，只要往生者本身沒有禮佛，祂沒有洗禮，祂就是道教，因為要拜神明、拜祖先，你家裏只要有拜祖先，那個都是道教，因為以前的佛教

第四章　深度訪談結果分析

是在大唐,唐三藏去西方去經,我們中國才有佛教,我們中國才有佛教,之前都是道教」（A1.1-1）、「因為我們道教的宗旨是慎終追遠,所以才會有那個牌位,所以在我們南部我會跟主家說,你可以不用拜神明,但是要尊重祂,媽祖,你要尊重祂,……要以孝道為主啊!我們道教就以孝道、慎終追遠為宗旨」（A1.1-2）、「做七的理由是對往生者,以前我們道教有一句話說,這個在望鄉臺裏面有,像南部在做時,都是在第六天的晚上子丑時,到第七天,之後請家屬到外面呼請土地公伯,把他的先人帶回來,帶回來之後,我們會在靈前那布置一個七星燈,還有一個平坦的沙子,更早之前我當學徒時,那時候還有燒灶,那時候都是用香灰,比較平,阿也比較細,後來現在都沒有了,現在都用海砂了,簡單說就是看祂的生肖,以前真的有看得到祂的生肖,一般是出現往生者祂的生肖,我們南部這裏現在做頭七時都會跟我說,我爸真的有回來呢!阿你爸爸是不是屬雞,會讓你覺得說似無似有一樣,我們南部有這種科儀,還有一種傳統的,除非是在高雄市殯啊!那個就比較沒有用七星燈了,要在自己的家裏用,有時候你在那裏用,是會有防火的問題,不方便啊!所以我們要用七星燈,然後往生者回來,就是我說的土地公把往生者給帶回來歸位,這個做法就是這樣」（A1.1-3）。

A2的回答是「做七對亡者來講,你在做喪事的時候有什麼作用,有什麼幫助,做七就是晚輩子孫報答長輩的恩情的意思,頭七就是頭七旬,依我所做的來講,二七就是二旬,三七就是女兒旬,四七就是孝子旬,五七就是孫女旬,六旬就是乞丐旬,七旬就是功德旬,這就是我們做七的用意」（A2-1.1）、「現在問題就是對亡者有什麼作用?第一就是要有報恩的效果,這是對生者的作用;那對亡者的作用是什麼?做七科儀就是要幫助這個亡者」（A2-1.2）。

A3的回答是「因時代變遷,道教舉行頭七科儀,除了誦經之外,有需求的喪視家屬,會為亡者舉行開魂路科儀。但目前道教頭七科儀主要是道士招請亡靈回來,由於道教認為亡靈依附於神主牌位上,所以會為亡靈誦經之後,接著擲筊完成,整個頭七科儀就結束。簡單來講就是

65

從殯葬服務的角度探討道教做七的科儀問題

招魂之後、以擲筊方式來確認亡靈是否有回到家中，同時也藉由家屬確認亡靈有回到家中」（A3.1-1）、「早期，擲筊是由喪親家屬來確認亡靈頭七回到喪宅之用，這算是家屬他們家的事情，基本上，道士職責是扮演引導角色。擲筊過程由喪親家屬其中一位代表擲筊即可。擲筊過程中，如果大兒子擲筊不成功，會請小兒子來擲，或亡靈較為疼愛之子女來擲。擲筊主要為三連杯，甚至有時候三連杯不是那麼好擲的，有時候甚至亡靈都無應筊，不過到目前為止，我從事道教頭七科儀到現在，擲筊通常都有成功，而且很少超過十分鐘」（A3.1-2）。

就家屬版的第一個問題而言，D1的回答是「我會選用道教做七科儀，是因為我希望我能對我的家人、我的至親，能夠超度祂們，讓祂們可以去到祂們可以去的地方」（D1.1-1）。對於這個回答，訪談者又對受訪者D1做進一步的確認，內容是「那妳就是用亡者所需要的道教做七科儀是不是這樣子？對，是的」（D1.1-2）。

綜合上述兩位殯葬業者、兩位學者、三位道長以及一位家屬的回答內容，我們發現C1的回答認為用到道教做七的理由：一方面是讓家屬意識到亡者已經離去；一方面幫亡者去到祂想去的地方。此外，就她的服務經驗來看，選擇道教做七科儀的家屬通常都比較受到傳統的影響，認為用道教做七的科儀才會圓滿。而C2的回答認為做七的必要性在於對亡者與生者都可以產生心靈上的安慰，使亡者在過十殿閻羅審判時，減輕生前所犯的過錯的懲罰程度。此外，就他服務過的經驗來看，選擇道教做七科儀的家屬，通常都比較受到老一輩的影響，認為用道教做七的科儀才會圓滿。B1的回答認為是為了滿足道教的需求，為亡者開魂路，使亡者的三魂七魄經由煉度而仙化成人。B2的回答認為是為了使亡者可以順利通過地獄審判而減輕亡者的受罰程度。A1的回答認為是為了慎終追遠，強調頭七的作用在於把亡者引魂回來。A2的回答認為是為了報恩及幫助亡者。A3的回答強調頭七的作用在於開魂路，使亡者得以回來，並可經過擲筊來確認。D1的回答認為經過超度之後，亡者可以去到祂們想去的地方。由此可見，在治喪過程中之所以要用到道教的做七

第四章 深度訪談結果分析

科儀的目的,除了慎終追遠報恩外,還有讓生者意識到亡者已經逝去、使生者與亡者得到心靈上的慰藉、對亡者生前所犯的過錯在過十殿閻羅審判時減輕受罰的程度、幫助亡者去到祂們想去的地方、使亡者的三魂七魄得以煉度仙化成人。

　　我們第四個要論述的問題是道長版的第二個問題,也就是「請問道教做七科儀的意義為何?」,也包含家屬版的第二個問題,就是「請問您瞭解道教做七科儀的意義為何嗎?」在此,我們先談道長版的部分。就A1的回答來看,他的回答是「因為在我們南部做七也是等於說是做旬,頭七是兒子旬,二七是媳婦旬,三七就女兒旬,阿也是要看那個地方,有的是頭七三日就做一旬,跟我們南部有些也會卡到地方性的習俗,習俗不一樣,那就另當別論了,我們在這就是七日為一旬,頭七是兒子旬,二七是媳婦旬,三七就女兒旬,四旬為女生子孫旬,五旬為男生子孫旬,六旬為我們這邊南部是為乞丐旬,就是以前不好賺錢、沒得吃,為的有時候我們喪事需要,類似我們好比在做醮時,外面蓋一個狀元寮,狀元寮就是乞丐,那時候是明朝的,人家說的皇帝嘴乞丐命,這樣你應該知道吧!這可能是一個傳說啊!所以人家說的乞丐皇帝嘴就是在說朱元璋,所以說乞丐旬就是希望要國泰民安的意思,讓大家都能夠平安順遂,不要讓人家說不好的話……阿我們南部是在第六旬,不一定是在第六旬,一定會有阿因地方習俗而異,阿第七旬我們都說是功德旬,就是說今天他的長輩往生,要幫祂做個藥懺半天的,不然就做一天的午夜,看是要做一天半的還是兩天,以我們道教最高的是做到三天三夜的黃籙大齋……所以說第七旬就是功德旬,可大可小,這樣事要怎麼去分辨,要用經濟能力去分辨,這是主要原因啊!再來,還是用祂的死亡方式不一樣來做這功德的選擇,這功德的選擇還有分,有時候像高雄沿海這邊,有時候長輩要是往生歲數有到那邊,高壽,如果子孫有經濟上的能力的話,就一朝道齋,就是一般高壽年齡來做的。以現實面來說,你一定要有錢才能夠這樣做,再來就是長輩的靈,就是你的阿公、阿祖、阿嬤,就是三代以上就能做一朝道齋,大部分都是兩天」

從殯葬服務的角度探討道教做七的科儀問題

（A1.2-1）。

　　就A2的回答來看，他的回答是「主要是服務亡者，讓祂們在十殿閻王那好過關，開這個魂路是讓祂們好走路，因為你做功德你有寫疏文，上到天庭下到地府，那下到地府，那個某某的子孫替長輩求哀懺悔。簡單來說，我們做的科儀就是這樣」（A2.2-1）、「每一旬都有每一旬的解釋，一七、二七、三七，每個七都有它的解釋，然後當中在做七的前一天，還會有一個叫魂的儀式，就是第六晚的子時，人都是從子時開始的，子時開始要給祂叫魂，因為這亡魂會落陰，第七天祂會還陽，還陽回來時，我們照習俗在第六晚子時要給祂叫魂，叫魂完再給祂拜湯圓，拜湯圓也有它的意義在呢！湯圓是用糯米做的，為什麼拜湯圓當中沒有放筷子和湯匙，就是要讓亡者去吃的，叫魂回來到靈堂、回來到家裏時，就知道子孫把祂叫回來要做什麼，這放一碗湯圓，但是我們高雄這有分七碗湯圓，臺南也是一樣，但每個地方它有一碗，也有七碗，但這都是要給祂吃湯圓的意思，就說我們人往生了，現在回來家裏，湯圓本來要用筷子和湯匙吃，但要讓亡者用手拿來吃，但湯圓會黏手，所以要讓祂洗手，當中我們就是要土地公伯把祂帶回來，阿親人叫祂，叫回來之後讓祂吃湯圓，然後讓祂去洗手，因為祂的手會反黑，那按往生者的意思來說，碰到糯米的東西會反黑，然後讓祂去洗手，讓祂脫殼，脫殼的意思就指甲掉下，脫殼後就是一個往生者，就是要讓祂知道這個頭七把祂叫回來是這個意思，然後隔天正七再來給祂做旬，然後做七就是樣。人家說的一七、二七、三七，到七七，加起來是四十九天，再來就是百日，還有對年，還有三年，就是人說守孝三年禮，以前的人都是守護三年，就一些習俗的東西，這是做七。現在的人因為世俗的演變，所以做七無法像以前這樣七日一旬、七日一旬地做」（A2.2-2）、「我們在說道教做科儀的意義就是我們的開魂路，有分半天的魂路跟一天的魂路，等於我們功德的意思，你做午夜裏面，裏面有什麼，所以這個做七的科儀裏面的意思就是要給祂超度，給祂開魂路、給祂接引，第一個我們就要點七星燈，這個七星燈就是要給祂照路，給祂指

第四章　深度訪談結果分析

揮，開魂路就是要接祂，讓祂走好，開魂路就是一個意思，開一個明路給祂走。現在是我們給一個孝心，看你能力到哪可以做這些東西，有時候子孫無法幫忙開魂路，演變成沒那個能力的人，只能用牲禮給祂拜，用簡單的方式給祂祭拜的儀式，準備這些牲禮，大概就是三牲、紅圓、發糕、飯菜、花果這些東西。其實現在的人照理說是一碗飯、五樣菜，叫五味，五味雜陳，為什麼用五味碗？五味碗的意思代表對長輩種種的感受，五味雜陳就是我們的心感受很多，象徵五味雜陳是一個孝心，那個叫做五味碗。現在的人都用到六碗，我不知道他們在用怎樣的。所以把這個紅發粿弄到六十六顆，代表給子孫考狀元；花果，就是以前的人敬神都有一個花、一個果，這是一定要有的東西；再來牲禮，三牲來講，雞頭、肉身、魚尾，有頭有尾，簡單來講，就是三生有幸，三生有幸做你的孩子，三牲用雞、魚、肉，用三牲來報答長輩，照理說，傳統的頭七就要用五牲了，為什麼用豬頭，沒有用牛或鴨頭做頭，豬就是臺語知道，知道我是你生的，這個解釋也不能說是對不對，五牲，它就是用豬下去做，用豬、雞、鴨，用家裏最常用的那個東西，五牲的意思就是我生的的意思，如果做小旬我們會改三牲，一、三、五、七，五七就是大旬，二、四、六就是小旬，三、五、七都會用五牲，這個子孫要回來報恩，回來報阿公、阿嬤的恩，以前有這個子孫回來報答，五七就是回來報阿公阿嬤的恩，一般會做七旬的就是以前，要是說做七有什麼不一樣的地方，做七的意思就是一旬、一旬，是什麼人，祂是去過殿這樣，你要幫祂辦，一樣要這樣，出殯，也是照做七的流程走，做到圓滿」（A2.2-3）。

　　就A3的回答來看，他的回答是「那做七的過程當中，區分為頭七、二七、三七、四七、五七、六七、七七，這又有大七、小七。現在我們這邊就是不分了，就是有做這東西不管什麼時候，我們有時候一天也做好幾個七啊！以前是以七天做一個循環，就我的印象當中，傳統的農業社會喔，一辦喪事要辦的話，要一兩個月啊！因為要找土地嘛！那個墓地，就時間太多了，亡者過世以七天為一個階段來做，算是穿插在

69

從殯葬服務的角度探討道教做七的科儀問題

　　道教科儀當中,那七七四十九天,就一個半月了呢!再接下次,也是一樣啊!把它填滿,這是個人觀點」(A3.2-1)、「但是,現在處理亡者遺體火化之後祂的魄還在啊!⋯⋯為什麼是七天,因為七天才來得及準備那些東西呢。現在很多都是過世沒多久,都是第二天就開始在做了,現在東西都是固定了,早期那時候死亡是不可預測的嘛!若臨終者尚未斷氣就準備這些東西,那是很大的禁忌,要等臨終者死後再來做,差不多算一算,時間差不多要一個禮拜的時間,要來做才剛好,所以這是比較合理的說法與解釋啊!但站在道教的立場來說,是七魄要散,一天散一魄,安魂定魄,把這個過程藝術化、把它美化」(A3.2-2)。

　　此外,我們再談家屬版的部分。就她的回答來看,她的回答是「道教做七的科儀在我的認知上,是人在死後每七天就會過一個殿,每隔七天我們就要幫祂度往該去的地方,所以說,我認為做七的科儀是每隔七天做一次的祭拜,算是一個對祂度化的儀式」(D1.2-1)。

　　綜合上述三位道長以及一位家屬的回答內容,我們發現A1的回答,認為道教做七科儀的意義就是從頭七一直做到七七,每一個七就是一個旬。而A2的回答也一樣,認為道教做七科儀的意義就是從頭七做到七七,每一個七就是一個旬,而每個旬就是七天,共計四十九天,在七七以外,還有百日、對年與三年要做,表示過十殿,也表示圓滿。而A3的回答也一樣,認為做七科儀的意義就是從頭七做到七七,只是這樣做的背後理由與所要準備的東西有關,也與人有七魄每一天散一魄有關。而D1的回答也一樣,認為道教做七科儀的意義就是從頭七做到七七,是為了度化亡者,使亡者去到祂們要去的地方。

第四章　深度訪談結果分析

第三節　道教做七科儀的作為與作用

　　其次，我們論述第二類問題的訪談結果。在此，我們第一個要談的問題是殯葬業者版的第三個問題，就是「請問您清楚道教做七科儀的內容嗎？內容為何？」學者版的第三個問題，就是「請問在做七時要做哪一些事情？」道長版的第三個問題，就是「請問道教做七科儀的內容為何？」家屬版的第三個問題，就是「請問您知道道教做七科儀的內容為何嗎？」

　　先談殯葬業者受訪的部分，就C1的回答來看，她的回答是「法師會先做一個引魂的動作，然後引魂的動作有請靈，確認亡者是有來到這個現場的，然後再由那個擲杯的動作來確認，說祂人已經到了，有來這樣的一個部分，再來就是家屬一起誦經，誦經完以後，可能就是一本經書誦完了以後，我們就是會去燒化金紙，然後讓法師引度做一個靈收的動作，然後就是啊會請靈到燒化金紙的地方，然後一樣是幫祂誦個經啊，法師就是會去引度祂，就是來領收金銀財寶這些動作，都完成以後，可能就是再請亡者回到靈位的地方，然後今天的做七科儀就算圓滿了，就是請亡者在靈位區好好地休息這個部分」（C1.3-1）。

　　就C2的回答來看，他的回答是「就道教做七我所瞭解的，道教基本上它會先開壇，然後請神、請亡者，再來就是誦經超度，還有一些所謂的走赦馬，走赦馬可能是要傳送疏文啊，然後經過這個儀式之後來完成這個過程，後面再把這個要燒的紙錢也好，這些東西來做最後的焚化。所以基本上它的內容就是一開始的請神佛、請亡者，然後再誦這度亡經，再來誦經經過它裏面一些科儀，到後面就是要燒掉後面要給祂的紙，道教的做七我所瞭解大致上是這樣子」（C2.3-1）。

　　再談學者受訪的部分，就B1的回答來看，她的回答是「我們剛剛就有聊到就是說，頭七、三七、五七、七七的問題，那因為就是它一直

71

從殯葬服務的角度探討道教做七的科儀問題

在變遷,它把頭七、三七、五七拿來前面做,連續三天給它做完,所以這個就是說科儀的內容就是這些」(B1.3-1)、「但是它就脫離不了這些,譬如說請神、見靈、誦《度人經》、解結、沐浴、繳庫、開魂路、燒庫錢、謝壇」(B1.3-3)。

就B2的回答來看,他的回答是「那在做七的部分,做七的時候,基本上會請道長、道士幫我們準備這個儀式啊!然後就是說要誦經、要超度,跟念一些疏文,那包含燒庫錢的時候,有道長、道士來請那個神佛來我們的道場或壇前來做守護的工作。那家屬這個時候的參與,希望祂的靈魂透過做七的科儀來做調魂,從地獄把祂調到現實生活中到祂的靈牌位上,然後來參與這個法事,藉由誦經、祭拜、神佛的力量,藉由道教的法力來減輕死者的罪孽,降低祂在地獄所受的刑責,或被罰的程度,然後單純來講,對家屬來說,就單純的祭拜啊!比較累的是道長,因為他包辦整個儀式,誦經、請佛啊!請亡魂,然後誦經超度啊!然後獻神佛、燒庫錢啊!甚至如果在做七的過程中,他有要辦藥懺的話,他可能還要煮藥湯、幫亡者餵食這樣子,餵祂的魂魄這樣子」(B2.3-1)。

再談道長受訪的部分,就A1的回答來看,他的回答是「一般道教做七的內容,比較節省的話,都是有一個人誦經,更早之前沒有誦經儀式,都是家屬直接拜一拜,直接跟往生者拜一拜而已。比較早以前都說是土公仔,他們帶領祂們子孫去拜,後來因為一些時代的變遷,才會有誦經的儀式,還有頭七、還有開魂路。開魂路,有開壇做的,第一就是要請神開魂路、做度引燈、水懺和開魂路,再來燒庫錢,然後結束圓滿。燒庫錢是頭七的時候燒個意思一下的,讓往生者帶在身邊,這叫做隨身庫,讓祂帶著的意思。到現在不一定了,有時候要看主家的意思了,多燒多說,少燒少說,那跟還庫有什麼關係?我們人出世會帶財庫來,做功德時要還庫,所以你出世來帶多少的財庫來,你回去是要來還庫」(A1.3-1)、「因為一般道教說,像你這樣的經書來說,都是在道長分鑑裏面,這都是老一輩傳下來的,那就是在十二生肖裏面,比如說

第四章 深度訪談結果分析

你是哪個生肖、在第幾庫裏,還要和你的天干跟地支,又有等於十二位的庫官,十二庫官裏都有一個姓氏,看你是第幾庫、哪時出生的,它裏面都寫得很清楚呢!所以我們都會做到還庫,所以做還庫都是由道長上面留傳下的,裏面都會有記載說,每個還庫的數量是多少錢,就由你們來點交庫錢,而且在還庫的當中裏面有一個疏文,一個天摺,一個往生摺。天摺就是要繳交給庫官的,另一個是往生者自己要掌握的。我們就是做一個還庫的科儀啊!是看生肖而已,但如果差十二年的就不一樣了,就是六十年,一甲子,每一甲子的庫數都不一樣,跟網路上的都不一樣,我們比較傳統,我們是老一輩從大陸傳過來的,我們南部這都是有兩本書是做還庫的,那裏面的經書意義大致相同,這是在功德日那天要做還庫的,做七裏面最重要的也是這個,要做還庫錢」(A1.3-2)、「內容就像剛剛說的這三個,設壇和開魂路、誦經,一般都誦《度人經》,做水懺、做藥懺,一般大致上都是這樣做而已,做頭七要是整個都做呢!就是把這些經書全部都念完,那要是沒有請神的話,就是把這些經書分成三部分,有做整段的,就請做整段的下去做,要是沒有的話,就請一個分段下去做,就一個人分三次下去處理」(A1.3-3)。

就A2的回答來看,他的回答是「當然開魂路的意思是讓祂好走路,要給祂開光明路,在做這個科儀當中,以前沒有能力、沒有金錢的意思,所以就請不到道長來做法,所以他就簡單做一做、拜一拜,代表他的孝心,就準備幾樣豐盛的飯菜給祂孝敬的意思。那你有能力的人,我要開魂路,看是要開半天、還是開一天,看是靈前魂路,還是要午夜魂路,靈前魂路就是簡單,它就是請神,科儀內容有什麼就做什麼。那現在開魂路有改變,差不多一、二十年前,我們以前沒有在誦經的,要就開魂路,不然就不要做,就準備牲禮、準備飯菜去拜拜。現在時代在變,大家就說在做時也誦個經呢!在做法事科儀當中的水懺、藥懺、《度人經》都做一做,甚至現在的人沒錢沒有在做功德的,尾旬沒有在做功德了,我們把各經懺拿來做誦經,也是迴向給祂,任何經懺都是主要迴向給祂的,主要是晚輩子孫有那個心,求懺誦經跟著對拜,誦經的

73

從殯葬服務的角度探討道教做七的科儀問題

意思也是要度亡的意思呢！阿現在時代來到這，現在做旬就變成誦經，它就不要開魂路了，因為是關於做生意人的部分，阿我們道士的部分，以道教來說，很多多少也都是要賺錢的，簡單來說開魂路，就是好走路，也是有誦那些經懺啊！有《度人妙經》、水懺、藥懺，這些都是要做的，這些經懺的功能是怎麼樣的，再來你說的科儀，整天有過殿、燒庫，你若是午夜魂路 它還有放赦馬」（A2.3-1）、「半天的叫做靈前繳庫，一定先請神後再請靈，誦《度人經》、水懺、藥懺，一般來說靈前魂路它就沒有做藥懺，它就只做《度人經》和水懺，後來就開魂路，再來燒庫錢，這就是半天的。午夜的解釋就是中午跟晚上，靈前魂路大概三個小時，早上、下午都有人在拜，像高雄就有分上、下高雄，上高雄都是安排在晚上去拜的，市內下高雄都是安排在早上做的，中午之前結束，也是有安排下午的，那時間點就由家屬自己去安排了。午夜魂路就是發表、請神，在中午十一點左右開始，發表，然後中午休息，下午再開始拜經懺，差不多到五點，在六點之前。我差不多十點來擺壇，差不多十一點起鼓、發表、請神、請靈，然後中午吃飯，下午一點半、兩點開始繼續，如果一點半開始就提早結束。以前午夜魂路一定是這樣的，時間差不多差兩個小時吧！人數也不一樣啊！功德愈大人就愈多啊！因為要做的經懺很多啊！有分很多的科儀，你如果功德再上去還有一個冥王懺，道教科儀我們南部最為複雜。其實還有一個繳庫，我們燒庫錢就是要讓祂繳庫的」（A2.3-2）、「這些法事的科儀有很多，每一本它的經懺和它的《度人經》，我們在生有很多也是念《度人經》的，《度人經》是度生度死的，它沒有局限，它能度我們在生的人，也能度亡者，水懺就是要赦免祂的罪，水懺有分上、中、下，就是赦罪的意思。藥懺就是請神農大帝，我們裏面沒有一本《藥師琉璃經》！我們藥懺有本神農大帝的，因為有很多都是從日據時代傳下來的，都沒有去改過來呢！請庫就是請庫官，我們人有分十二庫，你生在何時就是屬於什麼庫的，所以有請庫，我們說開魂路就開光明路，就是一個經懺，庫錢在《受生經》裏面都會寫，人出生是屬什麼庫官管的，要從《受生經》裏面去瞭

第四章 深度訪談結果分析

解的,當人出生時每個庫有分,說你要借多少的庫錢,所以之後要還庫要上繳,所以要請庫官來,這你要問的就是做七的這個部分而已。再來說關於功德的部分,就是半天的靈前繳庫,其實科儀都差不多,我們道教裏面有一個血水盆池,就是我們說的打血盆,很多科儀的內容都不一樣,簡單來說,每個亡者過世的方式都不一樣,我們道教會針對亡者如何死亡,而做不一樣的超度科儀」(A2.3-3)。

就A3的回答來看,他的回答是「頭七演法程序,首先起鼓、請神,再去亡者靈前迴向,接著就是誦經禮懺,《度人經》、《慈悲三昧水懺》、《慈悲藥師寶懺》、解結科儀,為亡靈達到解怨之用,接著放赦馬。放赦之後,以燃燈、指引、引路為亡者開通魂路,此又稱開魂路。開通冥路之後,為亡靈舉行過橋之後,整場開魂路就完成。由於各場的頭七科儀安排主要以主事者針對家屬需求的安排為主,並非不一定是按照這樣程序而安排」(A3.3-1)、「在請神的過程中,主要是恭請哪位神靈來主壇。首先恭請道教位階較高的神靈,再恭請三界眾神,就是原始天尊、靈寶天尊、道德天尊、玉皇上帝、紫微大帝、清華大帝……三界萬靈,賜福列聖,眾神明皆為恭請」(A3.3-2)、「做水懺的內容:三元慈悲滅罪水懺,主要引導亡靈向天、地、水三官懺悔生前種種罪過,同時也向眾神懺悔之意。像是一些罵人、毀謗、罵天、罵地、罵神明等等,就經典所言,這些行為都是有罪的。再者,像是當代有些人是批評他人、毀謗罪、惡意毀謗、傷害他人之罪等等。水懺的演法內容,剛開始前須先唱一首道曲,之後再開始念經,念完經文之後,接著再唱一曲,然後整場水懺科儀結束」(A3.3-3)、「藥懺科儀,藥懺就是以神農大帝為代表,最主要是祈求神農大帝等等神靈來壇為亡靈醫治生前所遭受重創的身體」(A3.3-4)、「藥懺科儀之後的解結科儀,又稱赦願,就是赦亡靈的生前在神明面前發了願,生前沒有給它解掉的,解結科儀時幫亡靈解結。解結科儀做完就是放赦馬」(A3.3-5)、「所以就等於是水懺、藥懺、赦願,所以這三個是主要的內容,全部都在一天之內完成,這麼說好了,我們法會喔,是請神、放赦馬,

從殯葬服務的角度探討道教做七的科儀問題

還有開魂路、燃燈,燃燈之後就是過橋,就是大齣的,所有道士都必須出列,像剛剛說的水懺、藥懺、赦願。小齣就是道士一個來就好了。燃燈要全部都在,燃燈的意思就是點燈讓祂走,就照亮亡靈去幽冥地府之用」(A3.3-6)、「高屏地區做七科儀就是把午夜的拔度科儀中的來使用,就是我剛講的法會和招魂這一場功德要講的東西,然後法會有分很多種,一個人誦經、演法,三個人誦經,或是半天的功德,或是全天的功德,這就是法會」(A3.3-7)、「其實舉行道教齋醮科儀,齋事處理拔度科儀、醮事處理神明聖誕等等喜事為主,只是對象不同,但作法其實是差不多,都一定是先請神,之後再誦經,再經文、懺文,然後整場的功德,我們這個廟會大致上也是這個樣子,差在哪裏?差在一個招魂而已,最後就是燃燈功德之後,就是開魂拿燈,繞棺三圈,逆時針,道教都是逆時鐘,因為是龍邊進虎邊出,中國都是龍邊進虎邊出,馬路也一樣,我們傳統的中國都是逆時鐘方式。接著就是過橋,就是放赦科儀結束之後,就為亡靈開魂路後就過橋,那開魂路也是整場的,就是整個道士一開始就是先恭請聖號後,就誦讀經文」(A3.3-8)。

再談家屬受訪的部分,就D1的回答來看,她的回答是「道教做七的科儀我認為是人死後的七天來讓地府的每一殿,然後每隔七天過一個殿這樣子,內容就是度化往生者」(D1.3-1)、「好的,它的內容就是在度化往生者能往極樂世界去,過祂的生活」(D1.3-2)。

綜合上述兩位殯葬業者、兩位學者、三位道長以及一位家屬的回答內容,我們從C1的回答中可知,她認為做七科儀的內容以頭七為例,主要是引魂、確認亡者是否已在、誦經、化錢給亡者請亡者領收,最後再回歸靈位。就C2的回答來看,他認為做七科儀內容就是請神、請亡者、誦經、走赦馬、化錢給亡者。就B1的回答來看,她認為做七科儀的內容,主要是請神、見靈、誦《度人經》、解結、沐浴、繳庫、開魂路、燒庫錢、謝壇。就B2的回答來看,他認為做七科儀的內容,主要是請神、調魂、誦經、超度亡者減輕亡者在地獄受罰的程度、燒庫錢給亡者、做藥懺。就A1的回答來看,他認為有做七科儀是後來的,主

第四章 深度訪談結果分析

要內容是請神、開魂路、做度引燈、誦《度人經》、水懺、藥懺、燒庫錢。就A2的回答來看，他認為做七的科儀主要是開魂路，內容為請神、請靈、誦《度人經》、水懺、藥懺、打血盆、燒庫錢。就A3的回答來看，他認為以頭七演法程序作為做七科儀內容的說明，首先起鼓、請神，再去亡者靈前迴向，接著就是誦經禮懺，《度人經》、《慈悲三昧水懺》、《慈悲藥師寶懺》、解結科儀，為亡靈達到解怨之用，接著放赦馬。放赦之後，以燃燈、指引、引路為亡者開通魂路，此又稱開魂路。開通冥路之後，為亡靈舉行過橋之後，整場開魂路就算完成。就D1的回答來看，她認為做七科儀的內容就是人死後每七天在地府要過一殿，最後度往西方極樂世界。

接著，我們第二個要談的問題，也是殯葬業者版的第五個問題，就是「請問您認為這些道教做七科儀有何效用？」學者版的第四個問題，就是「請問做七的作為有何種效用？」道長版的第四個問題，就是「請問您清楚這些做七科儀內容為何要這樣安排？」家屬版的第四個問題，就是「請問您清楚道教做七科儀的效用為何嗎？」

在此，就C1的回答來看，她的回答是「那效用部分，對亡者我們有做好一個完整的一個引度的動作，那對於生者的話，我覺得第一安他們的心，他們覺得說我對亡者，我從頭到尾的殯葬過程，我是很慎重、很嚴謹地去做完整個科儀，然後做完整個引度，表示我很重視這個亡者，我不是說像人家以前草蓆包一包拿去丟這樣子，然後它所以對亡者、對生者來講，就是亡者祂可以安息，那生者他可以安心，然後就是讓亡者跟生者他們各自的一些他們自己心靈的部分得安慰作用」（C1.5-1）。

就C2的回答來看，他的回答是「在經過這些道教做七科儀的儀式之後，最主要就是讓亡者順利通過地獄，然後不用受罰能夠讓祂順利地走，透過做七誦經作法，道長他們在誦經的過程，引導亡者走，然後家人就是在旁邊希望陪伴祂，祂能夠好好把這一段路走完，應該是說，做七對亡者來說是能夠順利地通過地獄的審判。對生者來說，我能夠感覺

從殯葬服務的角度探討道教做七的科儀問題

我是在陪祂這一段路,祂在死亡後是不孤獨的,陪祂走完這段路,這應該是最明顯的一個效用啊」(C2.5-1)。

就B1的回答來看,她的回答是「因為道教認為人死之後入九幽地獄,伸手不見五指,所以它必須幫祂做開魂路,就是開魂路當中,道長會拿那個類似魂幡的東西,在亡者的那個棺木附近,靈堂附近幫祂作為燈、引路的意義存在,所以他用這種方式幫祂開魂路,可以讓祂魂魄好走路,來去自如,就是照明九幽,冥府之路就是這樣子,所以它的意義就是這樣子,深層意義就是三魂七魄的問題,就是說因為整個拔度儀式,有在處理深層的部分,因為道教認為七天散一魄,七七四十九天魂魄就散盡了,所以它可能就是用這種拔度儀式來所謂的安魂定魄,讓祂魂魄不要散盡,那所以在整個拔度儀式當中,它的著重點在煉度,水火煉度,就是因為祂魂魄如果散盡的話,他很難繼續存在,就是因為煉度,它著重死魂煉度,仙化成人,祂死魂做到煉度之後,做到魂魄再次聚集在一起,死魂到了朱陵宮去,朱陵宮是煉魄的地方,死魂都要煉度,就是仙化成人再次成人,因為道教就以前的部分來講,就以前的人來講,其實它是沒有所謂輪迴的部分。它就是這一世,就是沒有下一世、沒有彼岸,所以它藉由這樣的儀式,達到死魂煉度、仙化成人。如果沒有煉度就會魂魄散盡,就什麼都沒有了啊!就是魂飛魄散啊!祂怎麼成仙成人?對不對?就是這樣」(B1.4-1)。

就B2的回答來看,他的回答是「那做七我在家屬參與的時候,最主要的是對家屬他的心裏的感覺說,㕷我做這個儀式我的家人在死後所受的罪不會那麼重。那亡者來說,那經過這個儀式一樣是要減輕祂的罪刑,祂在生犯過的錯能夠一一得到赦免,能夠順利通過地獄判官的審判,然後這樣子對亡者釋放說,透過這些做七的科儀,透過對神佛的懺悔,透過經論的傳送,能夠讓祂減輕生前的罪孽,或是不小心犯的罪孽,能夠讓祂自省這一生,然後能讓祂順利地往生,能夠讓祂到祂想去的地方,所以這應該是做七最主要的功用」(B2.4-1)、「就道長而言,最主要是一個協助的立場、引導的立場,引導亡者、引導家屬,我

第四章 深度訪談結果分析

們做了一些什麼樣的工作,準備些什麼樣的動作和祭品,透過這些動作、這些祭拜的儀式,法事科儀的運作,能夠讓家屬相信我們這樣子做完之後,讓亡者可以不用再受那麼多的罪,所以就整個做七的話,我個人的看法,它的作用在於赦免生者與亡者的這些罪惡感,讓他們有歸屬感,我做完這些事情後祂可以到更好的地方去,這樣子,這是我個人的看法」(B2.4-2)。

就A1的回答來看,他的回答是「我今天做道長的要怎麼輔佐他做這個兒子七,除了道長誦經以外,那這個兒子需要做什麼動作,來代表說他對長輩的孝心呢?在這個做七的科儀當中,如何表示說這個兒子對長輩的孝心呢?像這個問題是子孫自己要懂得飲水思源,就他今天要有感恩長輩的孝心,才會做這一個七的科儀。因為都是自己的子孫,為什麼會分得這麼細,就是說有的主家人認為說就全部一起拜就好了,怕大家的時間喬不攏,所以變成安排時間輪流去拜了,我們南部有時候子孫會為了長輩而去請一個陣頭,所以他們做七時沒有請道士,到功德日的那天才會請道士,有時候兒女會想表現他們的孝心,還會請不一樣的陣頭,這就是孝女白琴,那媳婦就不會請了,因為兒子和媳婦是共同體的,那是為了因應時勢阿!所以才會分得那麼細呢!以前是以七日為一旬,現在是工商社會,現在也沒有拜那麼多天呢!現在是七天,以前是七七四九天呢!以前是土葬,所以它的棺木就耐久,現在有環保的問題呢!現在大概都在半個月左右呢!除非它有用冷藏的、它有用冷凍櫃呢!所以,在做七的當中都已沒在區分了,大家都能夠來參與的」(A1.4-1)。

就A2的回答來看,他的回答是「先請神明,再來請靈,請靈就是請亡者啊!這樣請神之後,亡者他敢來嗎?請神降壇,請神歸位啊!要給祂調請,請祂來聽經、聽法,才開始有《度人經》,度生度死,再來水懺,再來開魂路」(A2.4-1)、「那請神這方面要請什麼神呢?裏面很多神要去翻經書,有三界眾神,就是說我們三清道祖,上界諸神,這些神明請完,再請天府、水府、地府的,請神裏面有分這三個部分的神

79

明啊！那請上界的神明，之後，中界、下界的要如何去分辨？上、中、下三界經書裏面都有，最主要的界神，這個不能自己亂說，都有一個道教經書依據，就大致上的三界眾神，大約舉例幾個重要的神。再來請靈，就是邀請亡靈，請靈就一定要念清華號，一般都是東極宮而已，有的人像澎湖就沒有分辨這些了，他們只要做功德就是三清宮，像澎湖來高雄就被我們融合了，他說他們做半天的功德叫做開路，開路拜懺，高雄這邊分得很清楚」（A2.4-2）。

就A3的回答來看，他的回答是「就是藉由儀式的內容來安魂定魄，定魄就是煉魄，所以道教它的拔度科儀主要目的在於煉度，道士藉由拔度科儀引導亡靈到朱陵宮，死魂受煉、仙化成人。煉度科儀是主法道長的任務，所以整個道教拔度的內涵在於煉度，但是高雄地區很可惜的是，目前拔度科儀中，煉度科儀似乎已經蕩然無存，或許一天以上的拔度科儀會安排。因為在正統道藏所記載的拔度相關科儀，就相當重視煉度科儀，拔度科儀的精華就在於煉度科儀，死魂受煉、仙化成人。道教拔度科儀的功能主要就是幫助亡者能成仙、成神。由於正常的人無法屍解、羽化成仙，死後才能藉由拔度儀式修煉，藉由拔度儀式仰仗不可思議的神聖力量，超生仙界」（A3.4-1）、「基本上，水懺功德比較注意在他們的經文念誦，那家屬在這個過程中……就是拿香拜拜啊！隨著道長跟著後面拜，道士引導孝家眷於三清道壇前念誦經文，亡者聽經聞懺之後，懺悔生前罪過，藉著神明不可思議神聖力量，超生仙界」（A3.4-2）、「藥懺科儀，藥懺就是以神農大帝為代表，最主要是祈求神農大帝等等神靈，來壇為亡靈醫治生前所遭受重創的身體」（A3.4-3）、「所以就等於是水懺、藥懺、赦願，所以這三個是主要的內容，就是……全部都在一天之內完成，這麼說好了，我們法會喔！是請神、放赦馬，還有開魂路、燃燈，燃燈之後就是過橋，就是大齣的，所有道士都必須出列，像剛剛說的水懺、藥懺、赦願。小齣就是道士一個來就好了。燃燈要全部都在，燃燈的意思就是點燈讓祂走，就照亮亡靈去幽冥地府之用」（A3.4-4）。

第四章　深度訪談結果分析

就D1的回答來看，她的回答是「做七科儀的效用就是，我覺得就是人往生之後，每隔七天會過一個類似閻王殿的地方，然後要請陰間的鬼差或土地公帶領祂，每隔七天在陰間，然後做祂一輩子的因果審判，然後經過這些審判的關卡之後呢，祂才可以到那六道輪迴轉世，去成佛成仙這樣子，主要我是認為度化亡魂」（D1.4-1）。

綜合上述兩位殯葬業者、兩位學者、三位道長以及一位家屬的回答內容，我們發現C1認為做七科儀的作用就在於可以安生者與亡者的心。就C2的回答來看，他認為做七科儀的作用在於陪伴亡者，使其順利、不要受罰地通過地獄的審判。就B1的回答來看，她認為做七科儀的作用，就在於幫亡者在魂飛魄散之前修魂煉魄，使亡者可以仙化成人。就B2的回答來看，他認為做七科儀的作用，就在於幫助亡者在地獄審判時得以減輕罪罰，順利去到祂要去的地方。就A1的回答來看，他認為做七科儀的作用在於子女對父母的報恩。就A2的回答來看，他認為做七科儀的作用在於幫亡者度生死。就A3的回答來看，他認為做七科儀的作用在於幫助亡者安魂定魄，經由誦經拔度過程，使亡者在懺悔生前過錯中得以死魂受煉、仙化成人。就D1的回答來看，她認為做七科儀的作用，在於幫助亡者順利通過陰間閻王審判，經由六道輪迴成佛成仙。

第四節　道教做七科儀的限度與調整的可能

最後，我們論述第二類問題的訪談結果。在此，我們第一個要談的問題是殯葬業者版的第六個問題，也就是「請問您認為這些效用是否真實有效？理由為何？」學者版的第五個問題，就是「請問您認為現行做七的作為是否具有實質效用？何以會有效用？」道長版的第五個問題，就是「請問您認為這些做七科儀有沒有實質效用？」家屬版的第五個問題，就是「請問您認為做七科儀有沒有實質效用？」

就C1的回答來看，她的回答是「道教的一些的科儀，其實它非常

的傳統，然後它也是非常的、非常的有做到一些就是細項的東西，就是從以前傳統到現代的東西，它的所有流程都是標準流程，科儀非常嚴謹，無論它真實有沒有，第一我覺得就是有按照生者的想法，他覺得說他整個過程，他沒有遺漏，他完完整整、踏踏實實地去幫亡者做到這些引度，然後甚至這些誦經的過程的圓滿，那對生者來講的話，他的真實效果就是他安心了，他不會一直做夢夢到亡者來跟他要什麼東西，因為過程是圓滿的，它是有達到完整的一些流程的。那對於亡者來講的話，其實我們就是，我們相信說祂真的被我們引度到西方去，然後甚至祂可以安然、放心、安祥地去投胎。所以真實效用其實在於生者，他自己本身對他的親人有沒有達到幫助，這個就是真實的效用」（C1.6-1）。

就C2的回答來看，他的回答是「好的，那道教這樣子的效用在民間信仰上是有用的，對我們剛討論過的老一輩和在實務上也是有些家屬，會堅持一定要用道教的方式做七，這代表說他們覺得這樣子做的是有效的，可能家裏也是拜道教，可能關聖帝君啊、玄天上帝，這樣子的話才是真的有效，才真有家神之類的來超度祂，那亡者生前就有在拜道教的神佛，生者希望死後能夠讓亡者生前相信的神佛來帶祂，所以他覺得說用道教來做七對祂才是有效的，不可能說我生前拜的可能是三清道祖，可是我死後讓西方阿彌陀佛來接，跟祂所信仰有所衝突了，所以說才會有一些家屬他們非常堅持這樣做才是真正有用的，用其他方式做是覺得沒有用的，所以說這個做七應該說要拜對神啊！那如果說你請的神明對了，方法也對了，有道長來誦經的話，這樣才是亡者想要的，這樣才是做七的方式，大致上就是這樣」（C2.6-1）、「像我剛剛說的這個做七是有效的，像我剛說的他們相信這神佛，他們覺得說祂生前所拜的神佛來接引祂，這樣才是真正有效的，能夠讓祂想去到祂想去的國度，也符合我們道教做七的原則，那就是由祂生前所信的神佛帶祂去，這樣才是有效用的」（C2.6-2）。

就B1的回答來看，她的回答是「我要分享一下我有拍到靈異照片，就在整個靈堂裏面，那個靈異照片就是沒有下半身，只有上半身，

第四章 深度訪談結果分析

就是上半身的部分,那個眼睛部分,就是一個頭嘛!戴著一個帽子,眼睛的部分還有紅光,但是問題是因為基於對生命的尊重,我把所有底片照片還給家屬。因為我覺得我不想再放大。因為拿出來靈異照片再公布的話,對家屬不敬」(B1.5-1)、「祂跟亡者像不像,那個已經沒有形體了,那時候我去拍的時候,因為第一次做田野調查,民國九十年進去靈堂的時候,沒有給人家拿香,所以我整個拍到靈堂的照片全部曝光,第二次我拿香跟祂拜,它就整個照片OK,所以這就是有實質的效用」(B1.5-2)、「所以我覺得有沒有實質的效用,我是覺得應該是跟心理也有關係……其實就好像信的人信、不信的人不信的這個意思啊!所以,我覺得還是為什麼我們民俗或是道教或是佛教,它們會很注重在頭七這個部分,其實很重要的部分就是祂頭七會回來。頭七魂魄會回來,為什麼要重視祂?因為頭七回到家裏面為什麼要拜圓仔,目的就是確認,靈堂固定為什麼要擺一碗湯圓、一碗水,就是這樣子。確認祂已經死亡,因為我們相信頭七會回來,祂知道自己已經死了,祂才會離開人間,祂才會去到另外一個世界,所以有沒有實質的效果,我覺得有。而且我就看到靈異照片就表示祂有回來過,就是這樣子,這是效用的一部分,就是說祂有回來了,對不對?」(B1.5-3)、「在祂回來之後,說我們做的這些法事對祂有沒有幫助,這也是另外一種啊!所以,在這邊來講你覺得這一點有沒有幫助,我覺得是有幫助」(B1.5-4)、「因為現在就目前來講,頭七的話大部分是著重在……民間其實它是很多都在祭祀的部分。可是到後來我覺得是有到心靈的。比如說祂回來,就是魂魄、靈魂會回來,那我們就是……第一個確認祂在不在;第二個確認祂已經死亡;第三個確認祂死後對祂的一些幫助;第四個確認家屬生命共同體幫祂完成,結束後祂就去到更好的地方」(B1.5-5)。

就B2的回答來看,他的回答是「那這個問題怎麼說有實質的效用,因為我們現在做七是一個形式化的做法,就沒有做會覺得很奇怪,可是做了呢,又好像沒有什麼感覺,沒有做的話,那你這樣子的治喪可能處理得不是很圓滿,所以可能會導致這個家屬他可能不會想要做這個

83

七,但在於說外界的壓力啊!可能說親戚的壓力,他不得不去做這個七」(B2.5-1)、「那基本上做七要如何做才有實質的效用呢?能夠讓往生者真的可以透過這科儀執行和操作,祂真正去到祂想去的地方,但是這個有個很大的問題,就是現在科學來說,是無法驗證說人死了之後是不是能夠到祂想去的地方,所以這在實質效用部分還有待加強」(B2.5-2)、「在形式上能夠符合大眾的方式,我覺得有做的道長也有做了這些事情,請神幫我們引魂和燒庫錢這些儀式,讓生者說我真的有替亡者做這些事,這些也是很多形式上的作用,能不能達到實質上的效用,有待未來科學來驗證說是不是我們做這些對亡魂是好的,有待我們後續的驗證」(B2.5-3)。

就A1的回答來看,他的回答是「其實做七這算是對往生者的一個孝心呢!做七有沒有實質的效用,這是一定有的,我們道教來說,我們不像其他宗教都用說的,我們都是實質上的應用,我們道教來說都是感應,包括你剛剛說的做七,我們有很多無形的、冥冥之中你覺得有是有,那如果你不是這個宗教的,你再怎麼看都是不相信的,這都是在觸發人的內心呢!我們身為道長還跟人家說這個沒有,那不是自欺欺人嗎?那也是事實上也真的是有效的,所以在道長這麼多年的經驗當中,也是經過一些家屬的認定,我們道教是有實質上的效用的,人家說的孝心感動天啊!你如果有那個心,自然就能夠看得見了,所以我們是要強調說,我們道教科儀是要針對亡者和生者都有實質上的幫助,道教講的都是太上感應,就像孩子嚇到就一定要收驚,你找醫生沒有用,打完針回來還是會哭,這就沒有用,所以我們道教這是有印證的」(A1.5-1)、「我曾經有遇到一個阿婆,阿婆她不知道自己是屬於什麼宗教的,阿婆她本身沒有皈依,要入殮要拜祭品時都是用素食的,後來拜到第五天,這是千真萬確的,有一個國寶他打電話給我說,祂對面有一個跟她很好的鄰居,去跟她託夢,現在的人比較禁忌,對面的鄰居夢到說為什麼拜的都是素食的,怎麼都沒葷的和羹,那個阿婆在世時喜歡吃香菇肉羹,那個鄰居沒有想那麼多,跑來跟她兒子說你是給你媽媽拜什麼

第四章 深度訪談結果分析

東西，祂說都沒葷的，祂都吃不下去呢！之後準備給祂，在第六天時就擲到杯，然後再請道士誦經給祂，這大概十幾年，所以我說現在很多主人家都不知道自己是什麼宗教呢！所以很多禮儀會說不然我們來辦道教的，比較單純、比較簡化」（A1.5-2）、「我們是用擲杯的方式，有些是用神明起駕的方式，比如說我是虔誠的道教徒，像我家是在拜王爺，像這些都是海線的比較多，有時候藉著王爺的嘴來說，你爸爸有把祂帶回來了，阿爸會交代什麼事情啊，說只剩下一個媽媽，你要好好照顧你媽媽呢！所以就是藉著乩童，就是另一種傳達，無法跟往生者溝通，需要藉著王爺公和媽祖來傳遞訊息」（A1.5-3）。

就A2的回答來看，他的回答是「在最後的科儀會度那亡魂，那因為陰陽兩隔，我們沒辦法通啊！所以就透過擲杯來把亡者的意思表達給在世的親人知道，所以透過擲杯來讓亡者表達說祂還有什麼心願達成的，透過這個科儀和擲杯方式和在世的親人溝通，有的人也會說這是機率的問題，就看你信不信而已，我都不知道你們的情況，但透過擲杯來印證和你們身邊的事，那這就對了」（A2.5-1）、「如果一直擲不到杯，我是外人、是宗教師，不明白你們的家務事，像我舉例有一個小女孩穿紅衣服上吊，因為那時祂愛上一個有婦之夫啊！因為感情事件，所以祂在樓中樓上吊，那時不管如何都擲不到杯，我都以三個杯為主，你說假的我也不好說啊，因為只有一杯而已。因為要說到這個主人家和這個亡者內心所在所想的心結，祂必須要讓在世親人瞭解問題的所在，之後要在祂出殯前，需要男生來靈前跪拜道歉，否則祂不肯走，這個要怎麼說，這不能去跟人家要求什麼啊！也問祂說妳是不是有什麼要求，祂也不給杯呢！怎麼問都問不出來，最後問祂說妳的往生，是不想要求妳這男生朋友需要做什麼嗎？是不是出殯前需要他來妳的靈前磕頭道歉求妳原諒，然後祂就聖杯啊！跟祂說完就有三個杯了，所以這冥冥之中就是這樣的，我們也無法瞭解祂們的事情，就是擲不到杯，道士也一直有個直覺說會穿著紅色的衣服，一定是為感情的關係」（A2.5-2）、「很多啊！像一般杜死的、被殺的、自殺的，都一定要引魂的，十件大概有

85

從殯葬服務的角度探討道教做七的科儀問題

一兩件會不好引魂、不好擲杯的,多多少少都會遇到的,很多都是因為心願未了而來擲不到杯的,所以祂們也是和我們人一樣呢!只是陰陽兩隔而已,這很多東西冥冥之中都是很玄的,玄學的,有的人不會跟你相信這些的啊」(A2.5-3)。

就A3的回答來看,他的回答是「你問有沒有實質效用,當然有啊!只要有做都一定會有效用啊!對誰都有效,對家屬有效、對亡者有效、對我們也有效。對道長而言,多一次經驗值、多一份收入、多一份功德。對家屬來說,多一份心理的踏實感吧!他有幫他家人多做一件什麼事情和該盡的孝道,這就是一個功用啊!對亡者來講,幫祂祈福,這些意念、這些功德都有迴向給祂,祂就會走得比較好,這效用蠻多的」(A3.5-1)、「歷史上來證明,如果說這東西沒有效用的話,它就不會流傳那麼久,我們臺灣人是一個很務實的民族,這東西沒有實質效用,不會流傳這麼久,沒有功效一定都會被淘汰,我覺得就家屬而言,有幫到他的家人,我覺得最主要的功效在這邊」(A3.5-2)、「很難去印證啊!一般家屬都會覺得OK,他會覺得有盡孝道啊!有它的實質效用在,我個人覺得有時候會有個人感應,不知道是自己的心理作用,每場功德做完道長都會有所感應,就覺得做完不是工作上的輕鬆,好像會有那種滿足的感覺,不只是成就感,第一個沒壓力了的輕鬆,第二個就是滿足感、成就感,第三個似乎有跟亡者心靈相通了,就是那種幫助人的感覺,這是個人感受,好像跟以前不太一樣,這就有兩個證據,這些年一直在做。那另一個證據是靈驗有效,就像有時候我去帶家屬到塔位的時候,卻見到地藏王菩薩我會流眼淚,就這種感覺啊!我記得我早期幫那個亡者誦經,我隱約有感覺祂在感謝我,不知道是我自己亂想的還是有感應到的,我有盡力幫祂們做,而得到這種的回饋,有時候道教科儀就是受到人家的質疑,所以有這些靈驗去證明讓大家去相信」(A3.5-3)。

就D1的回答來看,她的回答是「做七科儀有沒有實質的效用,就是人死後到陰間要經過審判,那我們藉由一些宗教的方式,道教的科儀

第四章 深度訪談結果分析

讓祂這些審判能夠減少祂的痛苦，這是我對科儀的感覺，我覺得家屬的所做所為就是幫忙誦經啊！做科儀的這些，就比如說是自殺的、意外的，這些科儀可以減少對祂們的痛苦」（D1.5-1）。

綜合上述兩位殯葬業者、兩位學者、三位道長以及一位家屬的回答內容，我們發現C1認為做七科儀的真實效用在於生者本身的認定，只要生者認為有效就可以。就C2的回答來看，他認為做七科儀是有實質效用的，如果沒有實質效用，那麼過去的人就不會用，只是要有用就要看亡者生前是否信仰道教，由祂生前所信仰的神佛來帶祂才會產生實質效用。就B1的回答來看，她認為與個人的認知有關，不過她曾經在田野調查過程中，於告別式場時有拍到亡者照片，表示有實質效用，依此她歸納出四點效用：第一個確認祂在不在；第二個確認祂已經死亡；第三個確認祂死後對祂的一些幫助；第四個確認家屬生命共同體幫祂完成，結束後祂就去到更好的地方。就B2的回答來看，他認為做七科儀是否有實質效用，就目前執行的形式化狀況來說是無法產生效用的，需要進一步的調整。就A1的回答來看，他認為做七科儀是有實質效用的，還舉一些託夢或擲筊的實際服務案例來說明，表示這樣的有效是有證據的。就A2的回答來看，他認為做七科儀具有實質效用，雖然有人說擲筊是一種機率問題，但他舉出個人服務案例證明，表示這樣的科儀作為是有實質效用的。就A3的回答來看，他認為做七科儀是有實質效用的，不僅對生者有效，也對亡者有效，否則不可能流傳這麼久，再加上他個人在做完科儀之後也曾有所感應，經由這些靈驗可以來證明。就D1的回答來看，她認為做七科儀是有實質效用的，可以幫助亡者減輕審判後罪罰所受的痛苦。

接著我們第二個要談的問題是殯葬業者版的第七個問題，也就是「請問您認為這些效用是否真實有效？理由為何？」在此，由於C1與C2都認為是真實有效，所以不需要再回答此一問題。同樣地，在學者版的第六個問題，也就是「如果沒有實質效用，是否有調整的可能？請問應如何調整？」由於B1認為有實質效用，所以就不用回答此一問題。就

87

道長版而言，在第六個問題的部分，也就是「如果沒有實質效用，是否有調整可能？應如何調整？」由於A1認為有實質效用，所以沒有回答此一問題的必要。對家屬版來說，在第六個問題的部分，也就是「如果沒有實質效用，是否有調整可能？應如何調整？」由於D1認為有實質效用，所以就不需要回答此一問題。

不過對B2、A2及A3認為還是有調整的問題。就B2來說，他的回答是「因為像剛說的實質效用有待商榷，但是要讓這個做七的過程更有實質的效用，可能做七裏面要做調整，要加強對亡者的互動、互通，甚至是讓亡者來表達祂的意思。那我們現在說要常常詢問亡者的意思，我們都是用擲杯來表示祂的意見，這個效果有沒有，我們就還要去確認啊！有時候我們會加倍確認，祂還會來託夢說我的祖先、我的親人透過做七之後，他好像不再像之前那麼慘了、那麼的不好，或者比如說錢不夠用，就是我們都是透過託夢來跟亡者溝通。就是這個相通，透過夢境的相通、磁場感覺上的相通，來求到我們實質上的效用，還是要慢慢去把它印證出來」（B2.6-1）、「那我們調整就是增強對亡者的互動的強度、感應上的強度，這樣子的話，對做七的科儀才能發揮實質上最大的效用，這是我個人的淺見」（B2.6-2）。

就A2來說，他的回答是「那我們引魂會請地基主、土地公神，請地基主做主，這是一種作法，如果真的擲不到，有的人也會請神明來作主啊！調整的方式就可能請神明來作主呢！藉神力來度這亡魂，那會請什麼神來度這個亡魂呢？一般是同庄的地方神或者是大廟的神明，或者是上帝公來作主，來幫忙度這個亡魂，有的也會直接用行動力處理這個亡者，處理讓祂回來靜心、換衣服、得功德、得庫錢，調整的方式就是請神來幫忙做科儀的調整，人力無法處理，就需要借助神明的力量」（A2.6-1）。

就A3來說，他的回答是「有的也是會回來抱怨的，表示做不夠，我覺得這是託夢給家屬吧！我們要看它是什麼樣的情況來做反應啊！是庫錢燒得不夠多，還是功德做得太小，通常家屬不會這樣說，會這樣說

第四章　深度訪談結果分析

是同業啊！像我們本身我們不會講人家，要有職業道德，沒有辦法證明人家說的是假的，我們不會做這種事情，一般遇到這種事情也不多啊！連自己同行的都不會這麼做了，會這麼做的一定是很外行的啊！會跟家屬溝通是什麼樣的情況，來做調整，來看家屬的特性來做反應。功德不夠再來做，或者是說我們會往那原因的源頭找出來，來做一個改善。其實做我們這一行的臨場反應很重要，遇到一些比較沒有話的家屬好處理，但如果遇到一些無理的就不好說，我們就要想辦法轉一下，基本上大概是這樣，還是會看那個家屬到底是什麼樣的狀況而定，例如家屬夢見過世的父母親，我會說祂們在想你啊！那個爸爸媽媽是在保佑你，那個就帶過去了啊！通常我們都會講正面，就是讓他比較安心，夢跟現實是相反的，祂愈猙獰代表祂愈慈祥，祂都猙獰了你們還不做嗎？怎麼講都可以通啊，我們都是講比較正面的」（A3.6-1）。

　　綜合上述一位學者與兩位道長的回答內容，我們發現B2、A2、A3認為還是有需要調整的部分。就B2的回答來看，他認為做七科儀如果要避免目前的形式化，就必須強化生者與亡者的互動關係，使彼此能夠相通，這時擲筊與託夢才能產生實質的效用。就A2的回答來看，他認為做七科儀有時之所以無效，是人為的因素無法處理的結果，這時就需要請神幫忙、藉助神明的力量來解決問題。就A3的回答來看，他認為可以藉由從正面解釋來解決問題，例如託夢錢不夠花，那就多燒一點庫錢給亡者、夢見亡者就解釋說亡者想你、在保佑你。

第五章

問題、討論與建議

- 問題的提出
- 問題的討論與分析
- 問題解決的建議

從殯葬服務的角度探討道教做七的科儀問題

第一節　問題的提出

　　現在我們進一步探討上述訪談內容的分析，看其中可能含藏的問題為何。就訪談內容分析時第一個談到的問題，就是殯葬業者的第二個問題，也就是「請問您知道做七有很多種嗎？有哪幾種？」的問題。就這個問題而言，C1的回答很清楚，她認為會有做七作為的就只有佛教與道教，而基督宗教是不會有的。同樣地，C2也有類似的看法，只是他又增加了釋教。但無論如何，在他們的共同認知中，佛教與道教會有做七的作為是肯定的。

　　問題是，就我們所知，有關這個問題的答案要比他們所瞭解的要複雜。也就是說，有關做七的作為到底有幾種？實際上的答案要比佛教與道教這兩種還要多，也要比加上釋教的答案還要多。如果是這樣，那麼我們要知道他們為何會如此回答，其中可能的依據是什麼？一旦我們對這個問題有所理解以後，就會清楚他們如此回答的理由。所以這是我們依據上述訪談內容分析所產生的第一個問題。

　　就訪談內容分析時第二個談到的問題，就是學者版的第一個問題，也就是「請問在治喪過程中道教會有哪一些科儀作為？」的問題。對於這個問題，只有一位學者針對問題回答。雖然如此，我們還是得到一個答案，就是道教在治喪過程會有的科儀不只是做七的科儀，也還會有其他的科儀，例如像招魂的科儀、做藥懺的科儀、打枉死城的科儀、打血盆的科儀等等。就此而言，道教在治喪過程中是有很多科儀的，不是只有做七的科儀這一種。

　　那麼在此如果要詳列，我們就會發現上述舉例的不足。因為如果只從舉例來看，那麼我們所能看到的道教科儀就有局限，會讓人誤以為道教的科儀就只有以上幾種。實際上，道教有關治喪過程中所用到的科儀到底有幾種，其實是很複雜的，需要給予進一步的探討。唯有在探討之

第五章　問題、討論與建議

後，我們對於這個問題的回答才會完整，也才會清楚瞭解道教在治喪過程中所會用到的科儀，這是我們依據上述訪談內容分析所產生的第二個問題。

就訪談內容分析時第三個談到的問題，就是殯葬業者版的第一個問題，也就是「請問您認為在治喪服務中是否需要用到道教做七科儀？」的問題，以及第四個問題，也就是「請問您服務過的家屬為何會選擇道教做七科儀？」此外，也包含學者版的第二個問題，就是「在這些作為中為何要有做七的作為？」道長版的第一個問題，也就是「請問在治喪過程中為何要用到道教做七科儀？」家屬版的第一個問題，就是「在治喪過程中您為何會選用道教做七科儀？」

從對於這些問題的回答，我們可以分別敘述如下：C1的回答認為用到道教做七的理由：一方面是讓家屬意識到亡者已經離去；一方面幫亡者去到祂想去的地方。此外，就她的服務經驗來看，選擇道教做七科儀的家屬，通常都比較受到傳統的影響，認為用道教做七的科儀才會圓滿。而C2的回答認為做七的必要性在於對亡者與生者都可以產生心靈上的安慰，使亡者在過十殿閻羅審判時，減輕生前所犯的過錯的懲罰程度。此外，就他服務過的經驗來看，選擇道教做七科儀的家屬，通常都比較受到老一輩的影響，認為用道教做七的科儀才會圓滿。B1的回答認為是為了滿足道教的需求，為亡者開魂路，使亡者的三魂七魄經由煉度而仙化成人。B2的回答認為是為了使亡者可以順利通過地獄審判而減輕亡者的受罰程度。A1的回答認為是為了慎終追遠，強調頭七的作用在於把亡者引魂回來。A2的回答認為是為了報恩及幫助亡者。A3的回答強調頭七的作用在於開魂路，使亡者得以回來，並可經過擲筊來確認。D1的回答認為經過超度之後，亡者可以去到祂們想去的地方。

經由上述的瞭解，我們發現道教做七科儀之所以需要：有的受訪者認為這與道教有關；有的受訪者認為這是生者對亡者的報恩；有的受訪者認為這是為了讓家屬意識到親人已經去世；有的受訪者認為是為了安慰生者的心靈；有的受訪者認為是為了減輕亡者生前所犯的過錯所遭受

從殯葬服務的角度探討道教做七的科儀問題

的懲罰,使其得以順利通過十殿閻羅的審判;有的受訪者認為是為了幫助亡者,使亡者去到祂們想要去的地方;有的受訪者認為是為了使亡者的三魂七魄得以煉度仙化成人。

不過從上述的回答中我們也發現了一些問題。例如在用到道教做七科儀時,並不是所有的受訪者都強調亡者必須是道教徒。如果我們沒有強調這一點,那是否表示亡者信不信仰道教不重要,重要的是家屬是否信仰道教,這是一個需要釐清的問題。又如會用到道教做七科儀的家屬,是否都是屬於老一輩或是受到老一輩影響的結果,還是說這是他們自主的選擇,與年齡或傳統無關,這也是一個需要釐清的問題。再如會用道教做七的科儀只是家屬為了要報恩,還是亡者本身有需求,關於這一點也需要進一步的釐清。此外使用道教做七科儀,可以減輕亡者生前所犯的過錯應有的懲罰,對於這種懲罰的減輕指的是什麼意思,也是一個需要釐清的問題。最後,用到道教做七的科儀可以幫助亡者去到祂們想要去的地方。對此也有兩個問題需要澄清:第一個就是這樣的幫助是一種客觀的幫助,還是一種主觀的幫助;第二個就是使亡者去到祂們想要去的地方,此處的地方指的是什麼,是西方極樂世界或是其他,應當如何理解才對。

就訪談內容分析時第四個談到的問題,除了指道長版的第二個問題以外,也就是「請問道教做七科儀的意義為何?」的問題以外,也包含家屬版的第二個問題在內,也就是「請問您瞭解道教做七科儀的意義為何嗎?」的問題在內。以下,我們分別加以敘述。

從A1的回答來看,他認為道教做七科儀的意義,就是從頭七一直做到七七,每一個七就是一個旬。從A2的回答來看,他的回答亦同,也一樣認為道教做七科儀的意義,就是從頭七做到七七,每一個七就是一個旬,只是他又進一步解釋每個旬就是七天,共計四十九天,在七七以外,還有百日、對年與三年要做,表示過十殿,也表示圓滿。至於A3的回答也一樣,他亦認為做七科儀的意義就是從頭七做到七七,只是他進一步解釋,這樣做的背後理由除了與所要準備的東西有關之

第五章　問題、討論與建議

外，也與人有七魄、每一天散一魄有關。在家屬的部分，D1的回答也一樣，認為道教做七科儀的意義就是從頭七做到七七，目的在於度化亡者，使亡者去到祂們想要去的地方。

依據上述的敘述，我們也發現一些問題，就是道教做七科儀的意義就在於度化亡者，所以就需要經過七個七。問題是，如果從上述的敘述來看，這個七又被稱為旬，在一般的理解中，旬指的是十天而不是七天。那麼道教做七的科儀為何將做七的七稱為旬，是一個需要釐清的問題。此外，如果道教做七的科儀在於度化亡者，那麼在做完七個七以後把七魄都已經煉度了，為何還需要做百日、對年與三年然後才會圓滿？這也是一個需要釐清的問題。

就訪談內容分析時第五個談到的問題，就是殯葬業者版的第三個問題，也就是「請問您清楚道教做七科儀的內容嗎？內容為何？」學者版的第三個問題，也就是「請問在做七時要做哪一些事情？」道長版的第三個問題，也就是「請問道教做七科儀的內容為何？」家屬版的第三個問題，也就是「請問您知道道教做七科儀的內容為何嗎？」以下，我們分別敘述。

從C1的回答中可知，她認為做七科儀的內容以頭七為例，主要是引魂、確認亡者是否已在、誦經、化錢給亡者請亡者領收，最後再回歸靈位。就C2的回答來看，他認為做七科儀內容就是請神、請亡者、誦經、走赦馬、化錢給亡者。就B1的回答來看，她認為做七科儀的內容主要是請神、見靈、誦《度人經》、解結、沐浴、繳庫、開魂路、燒庫錢、謝壇。就B2的回答來看，他認為做七科儀的內容主要是請神、調魂、誦經、超度亡者減輕亡者在地獄受罰的程度、燒庫錢給亡者、做藥懺。就A1的回答來看，他認為有做七科儀是後來的，主要內容是請神開魂路、做度引燈、誦《度人經》、水懺、藥懺、燒庫錢。就A2的回答來看，他認為做七的科儀主要是開魂路，內容為請神、請靈、誦《度人經》、水懺、藥懺、打血盆、燒庫錢。就A3的回答來看，他認為以頭七演法程序作為做七科儀內容的說明，首先起鼓、請神再去亡者靈前

從殯葬服務的角度探討道教做七的科儀問題

迴向，接著就是誦經禮懺，《度人經》、《慈悲三昧水懺》、《慈悲藥師寶懺》、解結科儀，為亡靈達到解怨之用，接著放赦馬。放赦之後，以燃燈、指引、引路為亡者開通魂路，此又稱開魂路。開通冥路之後，為亡靈舉行過橋之後，整場開魂路就算完成。就D1的回答來看，她認為做七科儀的內容就是人死後每七天在地府要過一殿，最後度往西方極樂世界。

根據上述的分別敘述，我們發現道教的做七科儀主要的內容應該包含請神、見靈、誦《度人經》、解結、沐浴、繳庫、開魂路、燒庫錢、謝壇等等。其中，請神時要先起鼓，再把亡靈從地府中帶到現場，再經由誦經禮懺度化亡者，在度化過程中包含生前未還的願、尚未解開的怨、曾經犯過的錯、有過的病痛等等，然後再燒庫錢給亡者，打通陰陽兩界的通路，使亡者有機會可以順利通過十殿閻羅的審判，最終經由輪迴投胎轉世或是前往西方極樂世界。

對此我們發現的問題是，道教在做七科儀時都會強調要誦經超度，但是從上述的訪談內容來看，未必所有的受訪者都認為誦經超度的內容都一樣，有的認為有些科儀是一定要做的，有的認為不一定。那麼到底科儀要做哪一些，是否會因對象不同而有所不同？這是一個需要釐清的問題。同樣地，在燒庫錢時也一樣，到底要怎麼燒才合理？照理來說，它也有一定的規定。既然如此，那麼今天在燒庫錢時為何又會燒那麼多，以至於產生環保問題，成為眾矢之的。對於這個問題，也需要進一步的釐清。此外在輪迴轉世之外，道教的最終目的地是哪裏？西方極樂世界理解有沒有問題？還是說，仙化成人才對？對於這些問題都有待我們進一步的釐清。

就訪談內容分析時第六個談到的問題，就是殯葬業者版的第五個問題，也就是「請問您認為這些道教做七科儀有何效用？」學者版的第四個問題，也就是「請問做七的作為有何種效用？」道長版的第四個問題，也就是「請問您清楚這些做七科儀內容為何要這樣安排？」家屬版的第四個問題，也就是「請問您清楚道教做七科儀的效用為何嗎？」以

第五章　問題、討論與建議

下,我們分別敘述。

從C1的回答來看,C1認為做七科儀的作用就在於可以安生者與亡者的心。就C2的回答來看,他認為做七科儀的作用在於陪伴亡者,使其順利不要受罰地通過地獄的審判。就B1的回答來看,她認為做七科儀的作用就在於幫亡者在魂飛魄散之前修魂煉魄,使亡者可以仙化成人。就B2的回答來看,他認為做七科儀的作用就在於幫助亡者,在地獄審判時得以減輕罪罰順利去到祂要去的地方。就A1的回答來看,他認為做七科儀的作用在於子女對父母的報恩。就A2的回答來看,他認為做七科儀的作用在於幫亡者度生死。就A3的回答來看,他認為做七科儀的作用在於幫助亡者安魂定魄,經由誦經拔度過程,使亡者在懺悔生前過錯中得以死魂受煉、仙化成人。就D1的回答來看,她認為做七科儀的作用在於幫助亡者順利通過陰間閻王審判,經由六道輪迴成佛成仙。

依據上述的敘述,我們發現道教做七科儀的作用,主要在於讓子女有機會報答父母在世時對自己的恩情、安生者與亡者的心、幫亡者度生死、使其在地獄審判時可以減輕罪罰或不要受罰、經由誦經拔度使亡者在懺悔生前過錯中得以死魂受煉仙化成人,最終可以順利通過六道輪迴成佛成仙。

不過我們在此也發現一些問題,先不管用語的相不相同,如地獄、陰間與地府的不同語詞,其中最大的不同在於,有的受訪者認為在誦經拔度之後,亡者就可以不受懲罰地通過地獄的審判,有的受訪者則認為誦經拔度後,只能減輕受罰的程度而不是完全不會受罰,對於這樣的不同說法,到底何者較為合理,也需要我們進一步釐清。

就訪談內容分析時第七個談到的問題,就是殯葬業者版的第六個問題,也就是「請問您認為這些效用是否真實有效?理由為何?」學者版的第五個問題,也就是「請問您認為現行做七的作為是否具有實質效用?何以會有效用?」道長版的第五個問題,也就是「請問您認為這些做七科儀有沒有實質效用?」家屬版的第五個問題,也就是「請問您認為做七科儀有沒有實質效用?」

從殯葬服務的角度探討道教做七的科儀問題

從C1的回答來看，他認為做七科儀的真實效用在於生者本身的認定，只要生者認為有效就可以。就C2的回答來看，他認為做七科儀是有實質效用的，如果沒有實質效用，那麼過去的人就不會用，只是要有用就要看亡者生前是否信仰道教，由祂生前所信仰的神佛來帶祂才會產生實質效用。就B1的回答來看，她認為與個人的認知有關，不過她曾經在田野調查過程中，於告別式場時有拍到亡者照片，表示有實質效用，依此她歸納出四點效用：第一個確認祂在不在；第二個確認祂已經死亡；第三個確認祂死後對祂的一些幫助；第四個確認家屬生命共同體幫祂完成，結束後祂就去到更好的地方，譬如說祂在地府享福。就B2的回答來看，他認為做七科儀是否有實質效用，就目前執行的形式化狀況來說是無法產生效用的，需要進一步的調整。就A1的回答來看，他認為做七科儀是有實質效用的，還舉一些託夢或擲筊的實際服務案例來說明，表示這樣的有效是有證據的。就A2的回答來看，他認為做七科儀具有實質效用，雖然有人說擲筊是一種機率問題，但他舉出個人服務案例證明，表示這樣的科儀作為是有實質效用的。就A3的回答來看，他認為做七科儀是有實質效用的，不僅對生者有效，也對亡者有效，否則不可能流傳這麼久，再加上他個人在做完科儀之後也會有所感應，經由這些靈驗來證明。就D1的回答來看，她認為做七科儀是有實質效用的，可以幫助亡者減輕審判後罪罰所受的痛苦。

依上述的敘述來看，幾乎所有的受訪者都認為道教做七的科儀是有實質效用的。只是有的受訪者認為此一效用是由生者來認定的；有的受訪者認為這種效用確實有客觀的依據。例如有的受訪者對於此一有效性訴諸於時間的考驗；有的受訪者認為只要避免形式化的問題，就可以有效用；有的受訪者舉出照片為例，表示亡者確實蒞臨告別式現場；有的受訪者以託夢或擲筊來確認有效性；有的受訪者則以自己服務後的感應所產生的靈驗效果為證。

雖然如此，我們認為還是有一些問題需要釐清。例如所謂的實質效用指的是什麼？是以生者的認定為準，還是對亡者真的可以產生實質的

第五章　問題、討論與建議

幫助為準？如果只是生者的認定，那麼這種認定是否足以在亡者身上產生效用，是需要進一步探探討的。又如是否只要解決形式化的問題，就可以產生實質的效用，要如何做才能避免形式化的問題。再如託夢與擲筊的證據效果如何，會不會只是日有所思、夜有所夢或機率湊巧的問題等等。

就訪談內容分析時第八個談到的問題，就是殯葬業者版的第七個問題，也就是「請問您認為這些效用是否真實有效？理由為何？」學者版的第六個問題，也就是「如果沒有實質效用，是否有調整的可能？請問應如何調整？」道長版的第六個問題，也就是「如果沒有實質效用，是否有調整可能？應如何調整？」家屬版的第六個問題，也就是「如果沒有實質效用，是否有調整可能？應如何調整？」

從B2的回答來看，他認為道教做七科儀如果要避免目前的形式化，就必須強化生者與亡者的互動關係，使彼此能夠相通，這時擲筊與託夢才能產生實質的效用。就A2的回答來看，他認為道教做七科儀有時之所以無效，是人為的因素無法處理的結果，這時就需要請神幫忙，借助神明的力量來解決問題。就A3的回答來看，他認為可以藉由從正面解釋來解決道教做七科儀無效時的問題，例如託夢錢不夠花，那就多燒一點庫錢給亡者；夢見亡者就解釋說亡者想你在保佑你。

在此，我們一樣有一些問題需要釐清。例如像生者與亡者互動與相通的問題是否可能？會不會只是一種主觀的想像？又如請神幫忙藉由神明的力量來解決問題是否可能？會不會所謂的請神明幫忙的結果只是人的想像？再如從正面的角度加以解釋是否真的可以解決問題？還是說，這只是一種人為的安慰，只求生者心安，對亡者並沒有產生實質的效用等等。

第二節　問題的討論與分析

　　以下，我們先討論第一個問題。就第一個問題而言，做七到底有幾種？如果從最早的狀態來說，那麼最初做七是來自於佛教，出現於北魏[1]，隨之道教也在南朝時開始仿效佛教有了做七的科儀，最早出自《太上洞玄靈寶業報因緣經卷之八》《生神品第十九》[2]。到了現代，不僅釋教有了做七的儀式，連天主教都有了做七的儀式[3]。只是對天主教而言，它對做七儀式的解釋不同，目的不在對亡者提供救度的作用，而在於把耶穌基督受難得救的過程當成內容。由此可知，做七不見得只有佛教與道教才有，釋教與天主教也有，種類遠比想像的多。

　　就第二個問題而言，由於上述的受訪者都採取舉例的方式，所以很容易讓人誤以為道教有關治喪過程中的科儀就只有上述幾種。其實從治喪開始，道教就有科儀介入。其中從殮、殯、葬到祭也是各有各的科儀。因為對道教來說，所有的科儀作為，包括做七在內，都是在幫助亡者，使得亡者的處境可以變得更好，甚至是死魂受煉、仙化成人。所以從道教的角度而言，它在協助亡者時是從死亡開始到投胎轉世或得道成仙為止。

　　就第三個問題而言，我們第一個要討論的是「需要道教做七科儀的是誰？」一般而言，我們的直覺反應是信仰道教的人。但是信仰的人到底是家屬還是亡者，所呈現出來的意義不同。如果是亡者，那麼就會對亡者產生作用；如果是家屬，那麼就會對家屬產生作用。因此，就要看

---

[1] 楊曉勇、徐吉軍，《中國殯葬史》（北京：中國社會出版社，2008年5月），頁151。

[2] 維基百科：做七條目，網址：https://zh.wikipedia.org/zh-tw/%E6%B3%95%E5%B8%88。登入日期：2022/12/13。

3 天主教－宗教禮儀－禮儀百科，網址：http://www.lianchhaing.com/mobile/edcontent.php?lang=tw&tb=7&cid=17&id=284。登入日期：2022/12/13。

第五章　問題、討論與建議

需要道教做七科儀的人是誰，才會清楚它的效用為何。

我們第二個要討論的是，此一需求是來自於老一輩影響的結果，還是家屬自己的選擇。如果是老一輩影響的結果，那麼這是一種社會需求。如果是家屬自己的選擇，那麼這就是一種自我決定的結果。在道教做七科儀的作用上，兩者所產生的作用不同：一個是來自於社會的養成；一個是自我抉擇的結果。

我們第三個要討論的是報恩的問題，如果家屬選擇道教的做七科儀，只是為了報父母之恩，那麼可能與亡者無關，自然也就無法達成道教做七科儀原先的目的，除非這種報恩是以亡者生前的道教信仰為主，這時道教的做七科儀才有可能產生原先預期的效用。

我們第四個要討論的是，道教做七的科儀可以具有減輕亡者生前所犯過錯的懲罰。在此此一減輕的意思是什麼？是減少還是坦然接受？如果從受過來說，在本質上是很難減少的，最多就是不再拒絕接受。因此在認錯與坦然接受的情況下，這也是一種減輕的方式。

我們第五個要討論的是，道教做七的科儀對亡者所能產生的效用，是家屬的自以為是還是亡者真的受到幫忙，兩者的效用是不同的。如果只是家屬的自以為是，那麼對亡者是沒有效用的。如果要對亡者有效用，那麼就必須具有客觀的效用。對此此一答案是會影響亡者的死後際遇。

至於亡者死後想要去的地方，到底是西方極樂世界還是其他？對一般人而言，這個問題的答案並不重要，但是對道教徒就很重要。因為對道教徒來說，西方極樂世界是佛教徒才能去的地方，而道教徒是去不了的。如果道教徒真的有地方要去，那也是東方長樂世界而不是西方極樂世界[4]。所以，對於道教徒真的想要去的地方，我們還是要弄清楚才好，以免造成誤導。

---

[4] 郭國賢，《道教太乙淨土東方長樂世界與臨終助禱》（高雄市：九陽道善堂，2020年10月），頁18。

就第四個問題而言,道教在做七科儀時不把做七的七用原先的七來稱呼而改用旬。但就一般用法來看,旬這個字的原意就是十天。在此,如果沒有把做七與做旬分清楚就很容易就引起錯解,以為道教做七科儀中只有做七的部分,而不知在其中還是有做旬的部分[5]。對此,我們還是要先弄清楚才不會產生誤解。

此外,有關在做七科儀之外為何還要有做百日、對年與三年才算是圓滿?關於這一點,我們可能要從禮俗本身的規定來看。對禮俗而言,守孝是要守三年。所以在盡孝的要求下,也為了有充分時間可以平復家屬的心情,故而禮俗才有做三年的規定。在此為了配合禮俗對於守孝三年的要求,也為了配合道教本身過十殿的教義,所以才會有上述的做百日、對年與三年才算圓滿的說法[6]。

就第五個問題而言,表面看來,無論亡者死於何種狀態,只要我們把道教做七的科儀做完整,那麼亡者的所有問題都可以得到解決。問題是,如果所有道教的做七科儀都要做,那麼在經濟上對家屬就會是一個很沉重的負擔,也沒有必要。因此在一般的情況下,我們要為亡者做道教做七的科儀時,就會考慮亡者的需求。也就是說,要考慮亡者死於何種狀態才算合理。

至於庫錢要怎麼燒才算合宜?是否燒得愈多就愈孝順?其實是要看燒庫錢的意義是屬於早期永恆地府的意義,還是後來輪迴轉世暫時地府的意義。如果是早期永恆地府的意義,那麼庫錢當然燒得愈多愈好。因為燒得愈多亡者在地府就會過得愈好。相反地,燒得愈少亡者在地府自然過得就不會太好。如果是後來輪迴轉世暫時地府的意義,那麼此時地府就不再是享福的地方,而是受罰的地方。既然是受罰的地方,當然就要按照還庫的要求來燒就好,有關寄庫的部分就沒有意義,反倒容易衍

---

[5] 楊炯山,《喪葬禮儀》(新竹:竹林書局,1998年3月),頁59。

[6] 同註5,頁59-60。

第五章　問題、討論與建議

生出空氣污染的環保問題[7]。

此外，有關道教做七科儀最終要達到的目的地，不可能是西方極樂世界。之所以如此，是因為西方極樂世界是屬於佛教死後的淨土世界。對道教徒而言，他們如果想去那個地方，那麼除非他們變成佛教徒，否則是不可能去的。如果他們真的想去，最終也只能去到東方長樂世界，因為唯有這個世界才是道教徒成仙的唯一機會與歸宿。

就第八個問題而言，道教做七科儀所能產生的效用為何？是能完全赦免亡者生前所犯的過錯，或是減輕亡者受罰的程度？對此，這兩種說法可謂彼此衝突。因為完全赦免是一回事，減輕受罰程度則是另外一回事。從因果報應的角度來說，與其說完全赦免亡者生前所犯的過錯比較合理，倒不如說減輕亡者生前所犯過錯的受罰程度才算比較合理。

就第七個問題而言，所謂的實質效用在此如果指的是對生者的效用，那麼就不一定要與亡者有關。可是如果與亡者無關，那麼就沒有必要做道教做七的科儀。因為道教做七科儀最初存在的理由就是為了協助亡者改善死後際遇的問題，無論是在死後地府中受罰程度的減輕，或在輪迴時投胎轉世到比較好的下一世，甚至是仙化成人。

此外，是否只要避免道教做七科儀形式化的問題，就可以產生實質的效用？從表面來看，確實如此。只要我們能夠依照道教做七科儀原先的要求，那麼在理論上就應該可以產生實質的效用。可是要如何做才能產生道教做七科儀原先的效用，對亡者產生實質的效用。關於此一問題，我們在後面的問題討論中會進一步提到，故而在此就暫時不討論。

至於託夢與擲筊的問題，的確有可能只是日有所思、夜有所夢的結果，也可能是統計上機率的巧合。但是無論理由為何，這只是一種科學的解釋，未必就是可能答案的全部。既然如此，從所涉及的領域不在經驗範圍以內，這時我們在下判斷時可能就要允許其他的可能性，否則就

---

[7] 鄭志明、尉遲淦，《殯葬倫理與宗教》（新北市：國立空中大學，2008年8月），頁82-83。

會淪於獨斷的下場,所以就託夢與擲筊也有可能是真的。

就第八個問題而言,人與人之間的彼此互通是否可能?當人與人之間可以互通時,那麼道教做七的科儀就有可能產生實質的效用。就人活著時的經驗來說,人的確有互通的可能。可是在親人死後是否還有互通的可能?其實答案是肯定的,因為互通的是心意而非肉身。如果是肉身,那麼要跨越生死是不可能的;如果是心意,那麼要跨越生死就有可能。

對於道教做七科儀的不能產生效用,這時當然也可能是由於道長本身的道行不足,所以無能為力,藉由神明之助確實也是一種解決問題的方法。只是這時降駕的神明是否真的是神明,有時也很難說。所以除非我們可以確認此一降駕的是神明,否則要使無效用的道教做七科儀產生效用可能就很難做到。至於從正面來解釋相關無法產生效用的現象,這是一種人為的做法,最多只能安生者的心,未必可以做到安亡者的心,使亡者的死後際遇得到實質的改善。

第三節　問題解決的建議

依據上述的討論,我們在此可以逐一提供問題解決的建議。就第一個問題而言,我們認為一般人之所以把做七局限在佛教或道教,最主要是傳統禮俗在執行時所帶給人們的印象。如果要確實解決此一問題,那麼就只能從教育著手,使一般人經由教育得知做七的種類有很多種,不只是佛教與道教才有做七。一旦一般人有了這樣的認知,那麼有關做七種類有多少種的問題自然就可以迎刃而解。

就第二個問題而言,一樣要從教育著手,尤其是與殯葬及宗教有關的教育。因為受到傳統禮俗有關做七實際執行狀況的誤導,我們通常都會誤以為道教在治喪過程中只有做七的科儀。實際上只要具有相關正確知識的人,就會很清楚知道道教在生死問題的處理上,是認為家屬對亡

第五章　問題、討論與建議

者是可以提供相關協助的。所以從死亡開始那一刻,道教的科儀就開始幫助亡者,一直到亡者在輪迴時投胎轉世為止,可謂從頭關懷到尾。

就第三個問題而言,在這個問題之中又包含了六個小問題,第一個就是需要道教做七科儀的人是誰?一般從現有的辦理喪事經驗來看,大致上答案都會是家屬。但是我們不要忘了,沒有親人的死亡,家屬是不需要道教做七的科儀。從這一點來看,與其說是家屬需要道教做七的科儀,倒不如說是亡者需要道教做七的科儀。因為沒有道教做七科儀的協助,亡者很難有機會改善祂們死後的際遇。

第二個就是家屬之所以選擇使用道教做七的科儀,如果只是傳統的影響,那麼這樣的選擇未必就能幫到亡者改善死後際遇的忙。同樣地,即使這樣的選擇是家屬自己決定的,也要看亡者是否真的就是道教徒。如果是,那麼這樣的選擇就沒有問題,否則問題依然存在,對亡者並不能產生實質協助的效用。

第三個就是與家屬報恩有關的問題,其實報不報恩與亡者不一定有關聯。如果亡者根本就不是道教徒,而家屬在報恩時選擇用道教做七的科儀,那麼這樣的報恩也是不會有效果的。如果要使報恩有效果,那麼就必須清楚瞭解亡者生前所信仰的是否是道教,在是的情況下,這樣的報恩才算是真的報對了。

第四個就是有關減輕亡者生前所犯過錯受罰的問題,對此一問題,如果我們認為是減少原先的過錯使其不再受罰,那麼這樣的理解可能就會有問題。因為從因果報應的角度來說,只要犯錯就一定要罰。如果不罰或少罰,那麼這樣的不罰或少罰是不公平的,就很難被一般人所接受。基於這樣的理解,我們認為此處的減輕其實是坦然接受的意思,使此一受罰的過程不會繼續成為難以忍受的罰。

第五個就是道教做七科儀的有效是及於家屬還是亡者?如果只是及於家屬,那麼這樣的效用其實只是主觀的,對於亡者一點幫助都沒有。如果要對亡者有幫助,那麼這樣的效用就必須針對亡者而言,而不能只就家屬而言。既然如此,我們就很清楚道教做七科儀的效用,顯然是針

從殯葬服務的角度探討道教做七的科儀問題

對亡者而非家屬。

第六個就是亡者死後會想要去的地方是哪裏？如果是佛教徒，那麼就一定是西方極樂世界。可是不能因爲佛教徒死後去的是西方極樂世界，我們就是非不分地認爲所有的亡者死後要去的就是西方極樂世界，而要清楚知道道教徒死後要去的地方不是西方極樂世界，而是東方長樂世界。如果要改善這種誤解的情形，那麼在殯葬的專業教育上就必須予以告知與提醒，以免未來在服務時影響了道教徒的亡者死後應有的歸宿。

就第四個問題而言，有關道教做七科儀的做七要說是七或旬，其實只要把七與旬的範圍說清楚就不會有問題。如果沒有事先說清楚，那麼造成錯解也是理所當然的事情。倘若我們認爲這一點眞的很重要，那麼就必須給予清楚的範圍說明。這麼一來，道教做七科儀中的做七就不會與做旬的部分產生混淆，而可以得到正確的理解。

此外在做七之外，道教爲何還要有做百日、對年與三年的科儀？其中表面的理由是配合傳統禮俗做三年的規定。但是如果對於道教教義眞的瞭解得比較清楚，就會知道在做七之外，到做百日之前還有四個判官的旬要過，然後才是做對年與三年，這些都是配合過十殿的需求。由此可見，道教教義對做七科儀的影響，使其不能只停留在做七，而必須加上做旬在內。

就第五個問題而言，有關道教做七科儀要做哪一些、做到什麼程度？其實不是由道長本身決定的，而是要看亡者本身的死亡狀態與需求。如果家屬經濟沒有問題，那麼要怎麼都做也可以。如果家屬經濟不是那麼富裕，那麼就應扣緊亡者的死亡狀態與需求來做，像病死的就會做藥懺。所以要怎麼做最主要的就是要看亡者的死亡狀態與需求而定。

至於庫錢要怎麼燒才合理，最主要的依據還是道教的教義。如果所依據的是早期的道教教義，那麼當然庫錢燒得愈多愈好，亡者在地府才能享福。如果所依據的是後來輪迴轉世的教義，那麼庫錢就不能燒太多，只要依規定還庫就可以，有關寄庫的部分就不用理會，否則不但多

第五章　問題、討論與建議

燒，還會帶來空氣污染的問題。

關於道教徒死後歸宿的問題，我們都很清楚就是東方長樂世界。但是受到道教目前處境的影響，佛教一枝獨秀，是當代社會的顯教，所以一般人才會誤以爲西方極樂世界就是所有人該去的地方，而不知道西方極樂世界是佛教徒所心嚮往的，而東方長樂世界才是道教徒所心嚮往的。

就第六個問題而言，誦經拔度的效果是什麼？是完全赦免亡者生前所犯的過錯使其免於受罰，還是只是減輕其受罰的程度？如果從因果報應的角度來看，那麼要完全赦免亡者生前所犯的過錯使其免於受罰，這樣的說法是不公平與不合理的，因為有過就要罰才算是合理。因此與其說是完全免罰，倒不如說是減輕受罰的程度會比較合理。

就第七個問題而言，就實質效用的意義來看，如果只是針對生者而言，那麼這樣的效用其實不是道教做七科儀原先所要的效用。如果要達到道教做七科儀原先所要的效用，那麼就必須回歸亡者。如此一來，在亡者身上產生了效用，自然也就可以避免後面所產生的形式化問題。

此外，有關託夢與擲筊的問題，由於這些作為都在經驗之外，表面雖與經驗有關，其實其內在所要傳遞的訊息是在經驗以外，所以不能只從日有所思、夜有所夢及機率湊巧的角度來理解，而要從另外一種可能的角度來理解，這樣才不會錯解託夢與擲筊的效用問題。

就第八個問題而言，在三種解決問題的做法中，經由心意相通來解決形式化的問題是一個可行的方法，只是這樣的方法必須建立在生者與亡者彼此之間的過往經驗。如果過去不曾有過這樣的經驗，那麼在親人死後要出現這種經驗就比較困難。同樣地，要請神明幫忙，使道教做七的科儀有效，其實也沒那麼簡單。實際上降駕的是否是神明也很難得知。在無法得知的情況下，這個解決問題的方法就不是那麼適用。至於從正面解釋的方法，固然有助於生者心理的安撫，卻無助於亡者問題的解決，也很難產生實質的效用，所以在問題解決的選擇上未必合宜。

第六章

結 論

- 成果總結
- 研究限制
- 對未來研究建議

從殯葬服務的角度探討道教做七的科儀問題

第一節　成果總結

　　自從簡化成為現代人辦理喪事的主要原則以後,我們在親人死亡喪事的辦理上雖然用的還是禮俗,可是已經與傳統的禮俗有了很大的差異。對一般人而言,他們認為這種差異是理所當然的。因為他們認為傳統的禮俗過於繁瑣,不適合於現代。如果要合乎現代的要求,那麼簡化就是唯一的出路。在這種自認為是正確選擇的情況下,一般人不會去反省這種簡化可能帶來的後遺症。

　　表面看來,這種簡化已經有了百年的歷史,如果要有問題,那麼早就被廢棄了。既然可以歷經百年而不衰,那就表示這樣的選擇是沒有問題的。但是他們都忘了一點,就是禮俗的用意在於盡孝道。那麼禮俗簡化的結果是否可以盡孝道?如果可以,那麼簡化自然不會有問題。如果不可以,那麼我們繼續採用簡化的方式來處理禮俗,結果可能就會把孝道給破懷掉了。因此存在時間的長短,不足以保證簡化的政策就是正確的。

　　如果要證明簡化的政策是正確的,那麼就必須說明簡化的結果還是可以盡孝道。倘若做不到這一點,那麼這時就必須做出抉擇,弄清楚到底殯葬處理的目的在哪裏?只是為了配合時代的需要,還是為了滿足孝道的需要?如果只是為了時代的需要,那麼簡化就沒有問題。因為誕生於農業社會的禮俗,的確與工商社會的經濟與效率要求有所落差。如果禮俗是為了盡孝道,那麼我們就要反省簡化是否足以滿足孝道的要求。

　　根據現行的殯葬服務來看,我們發現愈簡化的結果就是使盡孝道的作用愈下降,甚至有的為了簡化的要求,就把親人的喪事簡單辦一辦,彷彿這樣的辦理只是為了交差了事。這麼一來,簡化的結果就是與盡孝道的要求相違背。對我們而言,如果不在乎孝道的問題,那麼就算違背孝道也無所謂。可是如果我們仍然在意盡孝道的要求,那麼這種簡化的

第六章 結 論

結果就很難被接受。所以站在盡孝道的立場來看，簡化其實是有問題的。

具體而言，過去在辦理親人的喪事時，為了滿足孝道的要求，所以沒有不用禮俗來辦理的。不過只有一般的禮俗還不夠，因為我們還是會擔心亡者死後的去處。尤其是如果亡者生前好事又做得不夠多，那麼身為亡者後代的我們，就希望能夠為亡者做一些補救的措施，使亡者死後的際遇可以變得好一點。從這一點來看，無論是佛教的做七儀式或是道教的做七科儀，都是一種補救的作為，也讓家屬覺得他們對於亡者死後際遇的改善盡了一分心力。

問題是在簡化政策的影響下，再加上科學給予的真理標準，無論是佛教的做七儀式或是道教的做七科儀，都遭到迷信的質疑，認為這些作為只是在科學不發達的過去才會做的。既然現代科學已經發達了，那麼我們就沒有必要繼續提供做七的作為給亡者，以免被誤以為自己是那麼的不理性。這麼一來，即使有人真的做了七，也會認為只是為了滿足過去傳統的要求，並沒有什麼實質的意義。

對研究者而言，身為道教的一員，雖然不能對科學提出沒有證據的質疑，卻可以藉由指出科學的有效範圍來為道教的做七科儀做辯護，認為道教的做七科儀不見得就只能是一種傳統的規定、形式的規定，也可以具有實質的效用。為了達成此一目標，我們在研究時就把重點放在道教做七科儀問題的探討上，又由於會用到道教做七科儀的作為是在殯葬服務上，所以本書遂把題目定為「從殯葬服務的角度探討道教做七的科儀問題」。

面對這個題目，我們要如何探討？一般而言，社會科學的方法是一個可行的方法。就社會科學來說，量化與質性都是可以選擇的方法。不過，由於此一題目是一個過去幾乎沒有人做過的題目，所以不適合採取量化的方法，只能從質性的方法著手，而質性的方法主要用的就是文獻分析的方法與深度訪談的方法。就前者而言，方法的落實就在文獻探討的部分；就後者而言，方法的落實就在深度訪談內容的分析與討論。

從殯葬服務的角度探討道教做七的科儀問題

　　為了使整本書得以順利進行，我們在章節的處理上就分為：第一章緒論：第一節研究背景、第二節研究動機與目的、第三節研究問題、第四節研究方法與論述程序；第二章文獻探討：第一節殯葬服務的角度、第二節道教的意義、第三節道教做七科儀的意義、第四節道教做七科儀的效用；第三章研究方法與操作：第一節文獻分析及深度訪談的意義、第二節文獻分析及深度訪談的對象選擇、第三節文獻分析及深度訪談的方法操作、第四節方法的信度及效度的問題、第五節研究倫理；第四章深度訪談結果分析：第一節受訪者基本資料分析、第二節道教做七科儀的用意與意義、第三節道教做七科儀的作為與作用、第四節道教做七科儀的限度與調整的可能；第五章問題、討論與建議：第一節問題的提出、第二節問題的討論與分析、第三節問題解決的建議；第六章結論，共分三節：第一節成果總結、第二節研究限制、第三節對未來研究建議。

　　首先，就文獻分析的成果而言。在第一節的部分，我們發現殯葬服務認知有三種：第一種是農業社會傳統的認知，認為人死以後不是化為虛無，仍以祖先的形態存在著，所以為人子女的還是要善盡孝道；第二種是農業社會在工商社會衝擊下的現代認知，認為人死後雖然已經化為虛無，但在社會要求善盡孝道風氣的制約下，只好在殯葬服務上繼續採取禮俗的做法；第三種是工商社會的認知，認為人死了以後就化為虛無，因此在殯葬服務上無需再採取禮俗的做法，唯一要處理的問題就是亡者遺體所帶來的公共衛生問題及生者的悲傷問題。經過探討，我們認為應以家屬與亡者的需求為準來提供服務的認知，而不應以上述三種服務的認知為準。

　　在第二節的部分，我們發現道教的主要目標在修道成仙。對於死後的部分，它有兩種說法：第一種就是早期的地府永存的說法；第二種就是後來受佛教影響的地府是還過受罰的地方。就第一種說法而言，亡者死後的際遇會受到生前際遇的影響。所以生前享受死後亦享受、生前貧困死後亦貧困。就第二種說法而言，重點不在生前的處境而在所做

第六章　結　論

所爲。如果生前所做功多，自然享受福報；如果生前所做過多，自然受罰。因此一個人死後會有何待遇，主要取決於他或她生前的所做所爲。此外由於地府不再是永久居留地，而是還過受罰的地方，所以在還過受罰之後，他或她才能依據生前的功來決定投胎轉世的去處。

　　在第三節的部分，我們發現道教做七科儀的目的在於幫助亡者。如果亡者無法在生前修到與道合一，那麼就只能在死後加以補救，而此一補救的方法就是道教做七的科儀。經由這樣的補救，至少可以減輕或消解這樣的痛苦感受，使亡魂在受罰時不至於陷入痛苦的深淵，可以產生新的希望。經由這樣的過程，亡者一方面自覺悔過，一方面產生新的希望，在道長的協助下，未來有一天會有機會與道合一。經由這樣的過程，也就是認錯與重生，亡魂在地府的際遇就會成爲一個新希望孕育的地方，受罰的過程也就變成修道的過程。從悲傷輔導的角度來說，這種有能力幫上亡者的忙的感受是很重要的，也使家屬在盡孝的過程中體認到自己還是有用的。

　　在第四節的部分，我們發現在科學的時代，道教做七科儀的效用備受質疑，道教做七科儀的繼續存在，純粹只是受到個人情感作用影響的結果，或是不敢違背社會要求的結果，並沒有實質的效用。但就我們所知，科學是以經驗作爲標準，對經驗之外的存在就不再具有判斷的能力。既然如此，那麼我們就有機會重新找回道教做七科儀的實質效用，只是在找回時需要從體驗的角度重新思考。

　　其次，就深度訪談的成果而言。由於我們訪談的對象不只是道長、學者與殯葬業者，也訪談了家屬，所以在訪談對象的決定上算是比較完整的。經由訪談的結果，我們發現了一些問題：第一個就是受訪者對於做七到底共有幾種的問題似乎不是很清楚；第二個就是受訪者對於道教在治喪過程中所用到的科儀，都以舉例的方式來回答，並不完整；第三個就是受訪者對於道教做七科儀的主對象說明不是很清楚，在採取道教做七科儀時所受到的影響是傳統或自主選擇也不是很清楚，在報恩時是否就一定要用道教做七科儀的說法值得商榷，道教做七科儀對於亡者所

113

從殯葬服務的角度探討道教做七的科儀問題

產生的減輕受罰的意義到底是什麼也不清楚,道教做七科儀所產生的作用是以亡者為主還是生者為主也不清楚,道教做七科儀所要度往的世界是西方極樂世界還是東方長樂世界也不清楚;第四個就是受訪者在對道教做七科儀中的七與旬並沒有給予很清楚的範圍說明,在道教做七科儀以後為何還要繼續提供做百日、對年與三年的科儀,也未給予很完整的回答;第五個就是受訪者對於道教做七科儀要做哪一些,是以家屬經濟能力為主來考量,還是以亡者死亡的狀態與需求為主來考量,需要有更明確的說明;有關庫錢要怎麼燒,是以還庫為主還是以寄庫為主的依據不清楚;道教徒最終要前往的世界,是西方極樂世界還是東方長樂世界,需要給予更明確的說明;第六個就是經過做七科儀的拔度作用是否可以完全免去亡者死後所應受的還過懲罰,需要有更進一步的說明;第七個就是實質效用主要是指生者還是亡者以及有關形式化的困擾要如何解決,需要有更明確的說明;對於託夢與擲筊問題要怎麼解釋會比較合理,需要進一步的說明;第八個就是有關道教做七科儀的實質效用的質疑,要用何種方式來解決比較合理,如心意相通、請神幫助或是從正面角度來解釋,都須要有進一步的說明。

  依據上述的問題,我們經過討論的結果給予的建議是:第一個問題的解決建議,就是經由教育使一般人瞭解做七不只是道教與佛教,也不只是釋教,還有天主教;第二個問題的解決建議就是經由教育,使一般人理解道教在治喪時的科儀不只是做七的科儀,而是從人死亡之後到辦完喪事的祭祀都有相關科儀;第三個問題的解決建議,就是道教做七科儀是以亡者為主而非生者,無論是受傳統影響或是自主選擇都應以亡者本身的信仰是否是道教為依據,在報恩時不能只考慮生者的信仰,而要考慮亡者的信仰是否是道教,來決定是否要用道教的做七科儀,道教做七科儀對於亡者所能產生的減輕受罰作用意義在於懺悔認錯所導致的坦然接受,道教做七科儀主要是要協助亡者而對生者的作用只是附帶的,道教做七科儀是要把亡者度往東方長樂世界,而非西方極樂世界;第四個問題的解決建議,就是說明道教做七科儀時雖然有做旬的部分,其實

第六章　結　論

與做七的範圍不同，在道教教義與禮俗的影響才會在做七科儀之外，再加上四個判官的審判，才有做百日、對年與三年的科儀，以圓滿道教對於亡者死後要過十殿的要求；第五個問題的解決建議，就是道教做七科儀要做哪一些是要以亡者的死亡狀態與需求為主，在燒庫錢時要依據還庫為主來燒而非寄庫，道教徒所要找的最終歸宿不是西方極樂世界，而是東方長樂世界；第六個問題的解決建議，就是依因果報應的說法，亡者生前所犯的過在受罰時是無法完全免除的，但可以減輕；第七個問題的解決建議，就是道教做七科儀所謂的實質效用應以亡者為主而非生者，對於形式化的問題要解決只能從心意相通來解決，有關託夢與擲筊的解釋不應只用科學的解釋，也可以從經驗外的角度來解釋其可能性；第八個問題的解決建議，就是對於道教做七科儀如果無法產生實質效用時，可能有的解決方法應以心意相通為主，請神明會有分辨的困擾，從正面角度加以解釋是沒有用的。

經由上述探討的結果，我們發現道教做七科儀在科學的挑戰下似乎一時之間失去了它的實質效用，但這種失去只是短暫的失去，並非永遠的失去，解決的關鍵就在於如何避免做七科儀形式化與誤解。只要能夠克服形式化與誤解的問題，那麼道教的做七科儀還是可以產生實質的效用。

只是要如何做才能產生實質的效用，在此我們不能把科學的經驗特質當成唯一的真理，而要承認經驗以外的可能性。經由心意相通的方法，那麼要打通生死兩界的隔閡就有可能，也才能突破死亡所產生的關係斷裂困境，使道教做七科儀產生它原先就預計要有的實質效用。

第二節　研究限制

在上述文獻分析方法與深度訪談方法運用之後，我們對於「從殯葬服務的角度探討道教做七的科儀問題」的研究主題有了更多的瞭解。例

從殯葬服務的角度探討道教做七的科儀問題

　　如在做七上我們就會知道殯葬做七不只是道教有，其他宗教也有。在殯葬服務上不只有現在的科學認知，也有傳統的兩種認知，最重要的是認知應以亡者與家屬的需求為主。對於道教做七科儀的需求不應以生者為主，而要以亡者為主，這樣才符合道教做七科儀的原意，也才能幫到亡者改善死後在地府受罰的際遇。只是我們需要知道的是，這種幫助不是完全赦免而是減輕受罰的程度。在經過不斷地輪迴轉世以後，最終所要去到的目的地，不是西方極樂世界而是東方長樂世界。

　　除了以上的主要成果以外，我們也發現本書研究的一些限制。例如有關殯葬服務的認知到底有幾種，這些不同的服務認知對亡者與家屬會產生何種影響，都需要做進一步完整的探討。又如在殯葬服務時為何要用道教做七的科儀，而不用其他做七的作為，這種選擇的相關條件為何，其實是要做更完整的探討，否則一般人是不會清楚的。對當事人與家屬而言，這種不清楚是會影響他們在效用上的權益。再如道教做七科儀主要目的在於幫助亡者減輕還過受罰的程度，那麼這種減輕還過受罰的程度要怎麼做才會產生效果，對於這個問題我們其實並沒有做更清楚的說明，也是一個不足之處。此外，有關地府的認知到底哪一種認知會更合適？是早期的地府認知還是經過佛教影響以後的地府認知？兩者之間的優劣其實是需要經過更完整的探討才能給一個合理的答案，對此也是本研究的不足之處。至於有關道教做七科儀對亡者可以產生的效用，是完全赦免亡者生前所犯過錯應有的懲罰，還是只是減輕相關懲罰的程度，說真的，也需要有更深入與完整的探討。最後，對於道教做七科儀所希望度化亡者使亡者前往的世界，也就是東方長樂世界，與佛教的西方極樂世界這兩者之間有何異同，其實也有釐清的必要，否則當一般人在選擇做七的儀式時，就很難凸顯他們之所以會有不同的選擇理由究竟在哪裏。

第六章 結 論

第三節　對未來研究建議

　　針對上述研究限制所提到的問題，我們在對未來研究建議時，就依據上述的反省提出建議。在此第一個對未來研究建議的是，既然有關殯葬服務的認知不只一種，可以有很多種，那麼對於這些不同種的服務認知對亡者與家屬會有何不同的影響，就需要有深入完整的探討。這麼一來，在亡者與家屬在決定要採用何種服務認知時，就會有比較清楚的概念，而不會像現在那樣不知而行，就可能會影響他們的殯葬權益與死亡問題的解決。

　　第二個要做的未來研究建議就是，有關亡者與家屬選擇道教的做七科儀時，他們一定會有他們選擇的理由，但是只有不完整的理由是不夠的。如果他們都可以很清楚知道這樣選擇的相關條件，那麼對於他們在做道教做七科儀的選擇時是會有很大的幫助的。因此我們才會把這一方面的研究做為對於未來研究建議的第二個。

　　第三個要做的未來研究建議就是，道教做七科儀既然可以具有減輕亡者死後還過受罰的程度，那麼要怎麼做才能達到這個效果，需要有哪一些條件配合，需要做那一些事情，其實都需要進一步做更深入與完整的探討。所以我們在此才會把這個問題當成未來研究建議中的第三個。

　　第四個要做的未來研究建議就是，對於地府的認知既有兩種不同的認知，一種是早期的永恆認知，一種是後來受佛教影響的暫時受過地府認知，那麼到底哪一種認知會比較適合道教？對於這個問題，也需要有更深入與更完整的探討。因此，我們才會把這個問題當成第四個有關未來研究的建議。

　　第五個要做的未來研究建議就是，道教做七科儀可以產生的作用到底可以大到什麼程度？是可以完全赦免亡者生前所犯過錯的懲罰，或者是說只是減輕亡者生前所犯過錯的懲罰程度？如果要弄清楚，沒有進一

步深入完整的研究,也是很難得到一個確切的答案。所以為了找到確切的答案,我們才會把這個問題當成第五個未來研究的建議。

　　第六個要做的未來研究建議就是,我們雖然已經清楚知道,道教做七科儀所要度往的世界就是東方長樂世界,但是它到底與佛教的西方極樂世界有何異同並不清楚。既然不清楚,那麼我們就有責任把它弄清楚。這麼一來,對亡者與家屬的選擇也會比較有幫助。可是要弄清楚就必須有相關的研究做為依據。據此我們才會把這個問題當成第六個未來研究的建議。

參考文獻

一、專書

宋道元,《圖解中國道教生死書》(北京:紫禁城出版社,2009年9月)。

李豐楙、朱榮貴,《儀式、廟會與社區——道教、民間信仰與民間文化》(臺北市:中央研究院中國文哲研究所,2007年9月)。

邱達能,《綠色殯葬》(新北市:揚智文化事業股份有限公司,2017年3月)。

胡龍騰、黃瑋瑩、潘中道譯,Ranjit Kumar著,《研究方法 步驟化學習指南》(臺北市:學富文化事業有限公司,2002年2月)。

卿希泰,《道教與中國傳統文化》(福建:福建人民出版社,1992年6月)。

徐福全,《臺灣民間傳統喪葬儀節研究》(臺北市:徐福全,1999年3月)。

尉遲淦,《殯葬生死觀》(新北市:揚智文化事業股份有限公司,2017年3月)。

尉遲淦,《禮儀師與殯葬服務》(新北市:威仕曼文化事業股份有限公司,2011年7月)。

尉遲淦,《殯葬臨終關懷》(新北市:威仕曼文化事業股份有限公司,2013年2月)。

尉遲淦、邱達能、鄧明宇,《悲傷輔導研習手冊》(新北市:揚智文化事業股份有限公司,2020年11月)。

尉遲淦、鄭志明,《殯葬倫理與宗教》(新北市:國立空中大學,2008年8月)。

郭于華,《死的困惑與生的執著》(臺北市:洪葉文化事業有限公司,1994年10月)。

郭國賢,《道教太乙淨土東方長樂世界與臨終助禱》(高雄市:九陽道善堂,2020年10月)。

陳瑞隆,《慎終追遠——臺灣喪葬禮俗源由》(臺南市:世峰出版社,1997年8月)。

鈕文英,《研究方法與設計——量化、質性與混合方法取向》(臺北市:雙葉書廊有限公司,2021年2月)。

鈕則誠,《殯葬學概論》(新北市:威仕曼文化事業股份有限公司,2006年1

月）。

楊炯山，《喪葬禮儀》（新竹：竹林書局，1998年3月）。

楊曉勇、徐吉軍，《中國殯葬史》（北京：中國社會出版社，2008年5月）。

潘淑滿，《質性研究——理論與應用》（臺北市：心理出版社股份有限公司，2004年3月）。

鄧恩遠、于莉，《社會調查方法》（北京：中央廣播電視大學出版社，2011年9月）。

蕭登福，《道教與民俗》（臺北市：文津出版社，2002年12月）。

謝冰瑩等，《新譯四書讀本》（臺北市：三民書局股份有限公司，1995年8月）。

嚴祥鸞，《危險與秘密——研究倫理》（臺北市：三民書局股份有限公司，2015年10月）。

二、期刊

尉遲淦，〈殯葬服務的兩種觀點〉，《中華禮儀》第37期（臺北市：中華民國殯葬禮儀協會，2017年12月）。

三、研討會論文

尉遲淦，〈傳統殯葬禮俗如何因應現代社會的挑戰〉，《第四屆海峽兩岸清明文化論壇論文集》（浙江奉化：上海公共關係研究院、財團法人章亞若教育基金會主辦，2014年3月）。

郭國賢，〈道教東方三聖信仰與臨終助禱〉，《國際道教2018生命關懷與臨終助禱學術論壇論文集》（高雄市：中華太乙淨土道教會、國立臺中科技大學應用中文系，2018年10月）。

四、博碩士論文

張譽薰，《道教「五朝」拔度儀式中的生死觀研究——以臺灣高雄市拔度儀為文本》（嘉義：國立中正大學中國文學系博士論文，2018年6月）。

譚湘琴，《從殯葬角度省思中陰救渡的相關問題》（新北市：華梵大學東方人文思想研究所碩士論文，2021年7月）。

五、專題講義

尉遲淦，〈殯葬服務專題〉，碩士班課程講義（高雄市：尼加拉瓜太平洋大學

殯葬事業管理研究所，2022年）。

六、網路資料

天主教－宗教禮儀－禮儀百科，網址：http://www.lianchhaing.com/mobile/edcontent.php?lang=tw&tb=7&cid=17&id=284。登入日期：2022/12/13。

中國哲學書電子化計劃（維基）：太上老君虛無自然本起經，網址：https://ctext.org/wiki.pl?if=gb&chapter=794410。登入時間：2022/6/14。

百度百科：利儀條目，網址：https://haike.baidu.hk/item/%E7%A7%91%E5%84%80/6395943。登入日期：2022/6/14。

國家圖書館：臺灣博碩士論文知識加值系統，網址：https://ndltd.ncl.edu.tw/cgi-bin/gs32/gsweb.cgi?ccd=JLmLs5/search#result。登入日期：2022/6/15。

維基百科：法師條目，網址：https://zh.wikipedia.org/zh-tw/%E6%B3%95%E5%B8%88。登入日期：2022/6/15。

維基百科：做七條目，網址：https://zh.wikipedia.org/zh-tw/%E5%81%9A%E4%B8%83。登入日期：2022/12/13。

附　　錄

- 附錄一　「從殯葬服務的角度探討道教做七的科儀問題」訪談同意書
- 附錄二　受訪者基本資料及訪談題目
- 附錄三　訪談記錄編碼範例

附錄一　「從殯葬服務的角度探討道教做七的科儀問題」訪談同意書

　　　　本人　　　同意接受「從殯葬服務的角度探討道教做七的科儀問題」研究論文的訪談。在訪談的過程中，所談的內容除了同意錄音外，也同意相關文字的引用。只是在引用時，相關內容不得直接用本人名義發表，也不得直接對外宣稱這是本人意見。在研究論文完成以後，相關訪談內容保留以三年為限。等時間到了以後，相關檔案必須予以銷毀。以上

　　　　　　　　　　　　　　　立書人

　　　　　　　　　　　　年　　月　　日

附錄二　受訪者基本資料及訪談題目

> 敬愛的道長：您好！
> 　　本人目前正在做有關「從殯葬服務的角度探討道教做七的科儀問題」題目的研究。由於研究需要，如果有您的訪談內容做為參考資料，那麼研究成果必定更加豐碩。在此，希望您能盡可能配合訪談問題詳盡回答，您的答案對本研究非常重要。此外，您可以放心，本訪談內容僅供本研究之用，既不會流傳外面，也不會有其他用途。最後，感謝您的協助與配合！
>
> 鄭茂祥敬上

一、受訪者基本資料

1. 姓名：_____
2. 年齡：_____
3. 性別：□男性 □女性 □其他_____
4. 宗教信仰：□道教 □民間信仰 □佛教 □天主教 □基督教 □無 □其他_____
5. 身分：□學者 □業者 □道長 □家屬
6. 年資：_____
7. 做七經驗：□有 □無

二、訪談題目

1. 請問在治喪過程中為何要用到道教做七科儀？請說明。
2. 請問道教做七科儀的意義為何？請說明。
3. 請問道教做七科儀的內容為何？請說明。
4. 請問您清楚這些做七科儀內容為何要這樣安排？理由為何？請說明。
5. 請問您認為這些做七科儀有沒有實質效用？理由為何？請說明。
   （回答沒有的請續答下一題）
6. 如果沒有實質效用，是否有調整可能？應如何調整？請說明。

從殯葬服務的角度探討道教做七的科儀問題

敬愛的殯葬業者：您好！

　　本人目前正在做有關「從殯葬服務的角度探討道教做七的科儀問題」題目的研究。由於研究需要，如果有您的訪談內容做為參考資料，那麼研究成果必定更加豐碩。在此，希望您能盡可能配合訪談問題詳盡回答，您的答案對本研究非常重要。此外，您可以放心，本訪談內容僅供本研究之用，既不會流傳外面，也不會有其他用途。最後，感謝您的協助與配合！

鄭茂祥敬上

一、受訪者基本資料

1. 姓名：_____
2. 年齡：_____
3. 性別：☐男性☐女性☐其他_____
4. 宗教信仰：☐道教☐民間信仰☐佛教☐天主教☐基督教☐無☐其他_____
5. 身分：☐學者☐業者☐道長☐家屬
6. 年資：_____
7. 做七經驗：☐有☐無

二、訪談題目

1. 請問您認為在治喪服務中是否需要用到道教做七科儀？理由為何？請說明。
2. 請問您知道做七有很多種嗎？有哪幾種？請進一步說明。
3. 請問您清楚道教做七科儀的內容嗎？內容為何？請說明。
4. 請問您服務過的家屬為何會選擇道教做七科儀？理由為何？請說明。
5. 請問您認為這些道教做七科儀有何效用？請說明。
6. 請問您認為這些效用是否真實有效？理由為何？請說明。（回答無效用的業者請續答下一題）
7. 如果您認為沒有實質效用，是否有調整的可能？應如何調整？理由為何？請說明。

敬愛的學者：您好！

　　本人目前正在做有關「從殯葬服務的角度探討道教做七的科儀問題」題目的研究。由於研究需要，如果有您的訪談內容做為參考資料，那麼研究成果必定更加豐碩。在此，希望您能盡可能配合訪談問題詳盡回答，您的答案對本研究非常重要。此外，您可以放心，本訪談內容僅供本研究之用，既不會流傳外面，也不會有其他用途。最後，感謝您的協助與配合！

鄭茂祥敬上

一、受訪者基本資料

1. 姓名：_____
2. 年齡：_____
3. 性別：□男性□女性□其他_____
4. 宗教信仰：□道教□民間信仰□佛教□天主教□基督教□無□其他_____
5. 身分：□學者□業者□道長□家屬
6. 年資：_____
7. 做七經驗：□有□無

二、訪談題目

1. 請問在治喪過程中道教會有哪一些科儀作為？理由為何？請說明。
2. 在這些作為中為何要有做七的作為？請說明。
3. 請問在做七時要做哪一些事情？請說明。
4. 請問做七的作為有何種效用？請說明。
5. 請問您認為現行做七的作為是否具有實質效用？何以會有效用？請說明。（如果認為沒有實質效用的學者請續答下一題）
6. 如果沒有實質效用，是否有調整的可能？請問應如何調整？為何這樣調整就會具有實質效用？請說明。

敬愛的家屬：您好！

　　本人目前正在做有關「從殯葬服務的角度探討道教做七的科儀問題」題目的研究。由於研究需要，如果有您的訪談內容做為參考資料，那麼研究成果必定更加豐碩。在此，希望您能盡可能配合訪談問題詳盡回答，您的答案對本研究非常重要。此外，您可以放心，本訪談內容僅供本研究之用，既不會流傳外面，也不會有其他用途。最後，感謝您的協助與配合！

鄭茂祥敬上

一、受訪者基本資料

1. 姓名：_____
2. 年齡：_____
3. 性別：□男性 □女性 □其他_____
4. 宗教信仰：□道教 □民間信仰 □佛教 □天主教 □基督教 □無 □其他_____
5. 身分：□學者 □業者 □道長 □家屬
6. 做七經驗：□有 □無

二、訪談題目

1. 請問在治喪過程中您為何會選用道教做七科儀？請說明。
2. 請問您瞭解道教做七科儀的意義為何嗎？請說明。
3. 請問您知道道教做七科儀的內容為何嗎？請說明。
4. 請問您清楚道教做七科儀的效用為何嗎？請說明。
5. 請問您認為做七科儀有沒有實質效用？理由為何？請說明。（回答沒有的請續答下一題）
6. 如果沒有實質效用，是否有調整可能？應如何調整？理由為何？請說明。

附　錄

附錄三　訪談記錄編碼範例

一、在此，我們以道長對六個問題的受訪回答內容做為範例說明。
二、在編碼時，我們先對訪談內容予以確認其真實性與正確性，再對訪談內容加以閱讀瞭解，最後對所瞭解的內容給予切割，把完整表達相關看法的部分加以區分出來。
三、在編碼時，我們以受訪者受訪的順序加以編碼，第1位的受訪者編碼代號就是A1，第2位的受訪者編碼號就是A2，第3位的受訪者編碼代號就是A3；對於回答的問題，第一個問題就以A1.1表示，以下依序類推，如A1.2、A1.3……；對於回答的內容，第一個內容就以A1.1-1表示，以下依序類推，如A1.1-2、A1.1-3……。
四、以下是道長A3的相關編碼範例：

1.請問在治喪過程中為何要用到道教做七科儀？請說明。

A3.1-1：「因時代變遷，道教舉行頭七科儀，除了誦經之外，有需求的喪親家屬，會為亡者舉行開魂路科儀。但目前道教頭七科儀主要是道士招請亡靈回來，由於道教認為亡靈依附於神主牌位、魂身上，所以會為亡靈誦經之後，接著擲筊完成，整個頭七科儀就結束。簡單來講就是招魂之後、以擲筊方式來確認亡靈是否有回到家中，同時也藉由家屬確認亡靈有回到家中。」

A3.1-2：「早期擲筊是由喪親家屬來確認亡靈頭七回到喪宅之用，這算是家屬他們家的事情，基本上道士職責是扮演引導角色。擲筊過程由喪親家屬其中一位代表擲筊即可。擲筊過程中如果大兒子擲筊不成功，會請小兒子來擲，或亡靈較為疼愛之子女來擲。擲筊主要為三連杯，甚至有時候三連

129

杯不是那麼好擲的，有時候甚至亡靈都無應筊。不過到目前為止，我從事道教頭七科儀到現在，擲筊通常都有成功，而且很少超過十分鐘。」

2.請問道教做七科儀的意義為何？請說明。

A3.2-1：「那做七的過程當中，區分為頭七、二七、三七、四七、五七、六七、七七，這又有大七、小七。現在我們這邊就是不分了，就是有做這東西不管什麼時候，我們有時候一天也做好幾個七啊！以前是以七天做一個循環，就我的印象當中，傳統的農業社會喔，一辦喪事要辦的話要一兩個月啊！因為要找土地嘛！那個墓地，就時間太多了，亡者過世以七天為一個階段來做，算是穿插在道教科儀當中，那七七四十九天，就一個半月了呢！再接下次，也是一樣啊！把它圓滿，這是個人觀點。」

A3.2-2：「但是，現在處理亡者遺體火化之後他的魄還在啊！……為什麼是七天？因為七天才來得及準備那些東西。現在很多都是過世沒多久，都是第二天就開始在做了，現在東西都是固定了，早期那時候死亡是不可預測的嘛！若臨終者尚未斷氣就準備這些東西，那是很大的禁忌，要等臨終者死後再來做，差不多算一算，時間差不多要一個禮拜的時間，要來做才剛好，所以這是比較合理的說法與解釋啊！但站在道教的立場來說，是七魄要散，一旬散一魄，安魂定魄，把這個過程藝術化、把它美化。」

3.請問道教做七科儀的內容為何？請說明。

A3.3-1：「頭七演法程序，首先起鼓、請神，再去亡者靈前迴向，接著就是誦經禮懺，《度人經》、《慈悲三昧水懺》、《慈悲藥師寶懺》、解結科儀，為亡靈達到解怨之用，接著放赦馬。放赦之後，以燃燈、指引、引路為亡者開通

附 錄

魂路，此又稱開魂路。開通冥路之後，為亡靈舉行過橋之後，整場開魂路就完成。由於各場的頭七科儀安排主要以主事者針對家屬需求的安排為主，並非一定是按照這樣程序而安排。」

A3.3-2：「在請神的過程中，主要是恭請哪位神靈來主場？首先恭請道教位階較高的神靈，再恭請三界眾神，就是原始天尊、靈寶天尊、道德天尊、玉皇上帝、紫微大帝、清華大帝……三界萬靈，賜福列聖，眾神明皆為恭請。」

A3.3-3：「做水懺的內容：《三元慈悲滅罪水懺》，主要引導亡靈向天、地、水三官懺悔生前種種罪過，同時也向眾神懺悔之意。像是一些罵人、毀謗、罵天、罵地、罵神明等等，就經典所言，這些行為都是有罪的。再者，像是當代有些人是批評他人、毀謗罪、惡意毀謗、傷害他人之罪等等。水懺的演法內容，剛開始前須先唱一首道曲，之後再開始念經，念完經文之後，接著再唱一曲，然後整場水懺科儀結束。」

A3.3-4：「藥懺科儀，藥懺就是以神農大帝為代表，最主要是祈求神農大帝等等神靈來壇，為亡靈醫治生前所遭受重創的身體。」

A3.3-5：「藥懺科儀之後的解結科儀，又稱赦願，就是赦亡靈的生前在神明面前發了願，生前沒有給它解掉的，解結科儀時幫亡靈解結。解結科儀做完就是放赦馬。」

A3.3-6：「所以就等於是水懺、藥懺、赦願，所以這三個是主要的內容，全部都在一天之內完成，這麼說好了，我們法會喔，是請神、放赦馬，還有開魂路、燃燈，燃燈之後就是過橋，就是大齣的，所有道士都必須出列，像剛剛說的水懺、藥懺、赦願。小齣就是道士一個來就好了。燃燈要全部都在，燃燈的意思就是點燈讓祂走，就照亮亡靈去幽冥

地府之用。」

A3.3-7：「高屏地區做七科儀就是把午夜的拔渡科儀中拿來使用，就是我剛講的法會和招魂這一場功德要講的東西，然後法會有分很多種，一個人誦經、演法；三個人誦經，或是半天的功德，或是全天的功德，這就是法會。」

A3.3-8：「其實舉行道教齋醮科儀，齋事處理拔度科儀、醮事處理神明聖誕等等喜事為主，只是對象不同，但作法其實是差不多，都一定是先請神，之後在誦經，再經文、懺文，然後整場的功德，我們這個廟會大致上也是這個樣子，差在哪裏，差在一個招魂而已，最後就是燃燈功德之後，就是開魂拿燈，繞棺三圈，逆時針，道教都是逆時鐘，因為是龍邊進虎邊出，中國都是龍邊進虎邊出，馬路也一樣，我們傳統的中國都是逆時鐘方式。接著就是過橋。就是放赦科儀結束之後，就為亡靈開魂路後就過橋，那開魂路也是整場的，就是整個道士一開使就是先恭請聖號後，就誦讀經文。」

4.請問您清楚這些做七科儀內容為何要這樣安排？理由為何？請說明。

A3.4-1：「就是藉由儀式的內容來安魂定魄，定魄就是煉魄，所以道教它的拔度科儀主要目的在於煉度，道士藉由拔度科儀引導亡靈到朱陵宮，死魂受煉、仙化成人。煉度科儀是主法道長的任務，所以整個道教拔度的內涵在於煉度，但是高雄地區很可惜的是，目前拔度科儀中，煉度科儀似乎已經蕩然無存，或許一天以上的拔度科儀會安排。因為在正統道藏所記載的拔度相關科儀就相當重視煉度科儀，拔度科儀的精華就在於煉度科儀，死魂受煉、仙化成人。道教拔度科儀的功能主要就是幫助亡者能成仙、成神。由於正常的人無法屍解、羽化成仙，死後才能藉由拔度儀式

附　錄

　　　　　修煉，藉由拔度儀式仰仗不可思議的神聖力量，超生仙界。」

A3.4-2：「基本上，水懺功德比較注意在他們的經文念誦，那家屬在這個過程中就是拿香拜拜啊！隨著道長跟著後面拜，道士引導孝家眷於三清道壇前念誦經文，亡者聽經聞懺之後，懺悔生前罪過，藉著神明不可思議神聖力量，超生仙界。」

A3.4-3：「藥懺科儀，藥懺就是以神農大帝為代表，最主要是祈求神農大帝等等神靈來壇，為亡靈醫治生前所遭受重創的身體。」

A3.4-4：「所以就等於是水懺、藥懺、赦願，所以這三個是主要的內容，全部都在一天之內完成，這麼說好了，我們法會喔，是請神、放赦馬，還有開魂路、燃燈，燃燈之後就是過橋，就是大齣的，所有道士都必須出列，像剛剛說的水懺、藥懺、赦願。小齣就是道士一個來就好了。燃燈要全部都在，燃燈的意思就是點燈讓祂走，就照亮亡靈去幽冥地府之用。」

5.請問您認為這些做七科儀有沒有實質效用？理由為何？請說明。

A3.5-1：「你問有沒有實質效用，當然有啊！只要有做都一定會有效用啊！對誰都有效，對家屬有效、對亡者有效、對我們也有效。對道長而言，多一次經驗值，多一份收入、多一份功德。對家屬來說，多一份心理的踏實感吧！他有幫他家人多做一件什麼事情和該盡的孝道，這就是一個功用啊！對亡者來講幫祂祈福，這些意念、這些功德都有迴向給祂，他就會走得比較好，這效用蠻多的。」

A3.5-2：「歷史上來證明，如果說這東西沒有效用的話，它就不會流傳那麼久，我們臺灣人是一個很務實的民族，這東西沒

133

有實質效用，不會流傳這麼久，沒有功效一定都會被淘汰，我覺得就家屬而言，有幫到他的家人，我覺得最主要的功效在這邊。」

A3.5-3：「很難去印證啊！一般家屬都會覺得OK，他會覺得有盡孝道啊！有他的實質效用在，我個人覺得有時候會有個人感應，不知道是自己的心理作用，每場功德做完道長都會有所感應，就覺得做完不是工作上的輕鬆，好像會有那種滿足的感覺，不只是成就感，第一個沒壓力了的輕鬆，第二個就是滿足感、成就感，第三個似乎有跟亡者心靈相通了，就是那種幫助人的感覺，這是個人感受，好像跟以前不太一樣，這就有兩個證據，這些年一直在做。那另一個證據是靈驗有效，就像有時候我去帶家屬到塔位的時候，卻見到地藏王菩薩我會流眼淚，就這種感覺啊！我記得我早期幫那個亡者誦經，我隱約有感覺祂在感謝我，不知道是我自己亂想的還是有感應到的，我有盡力幫他們做，而得到這種回饋，有時候道教科儀就是受到人家的質疑，所以有這些靈驗去證明讓大家去相信。」

6.如果沒有實質效用，是否有調整可能？應如何調整？請說明。

A3.6-1：「有的也是會回來抱怨的，做不夠，我覺得這是託夢給家屬吧！我們要看它是什麼樣的情況來做反應啊！是庫錢燒得不夠多，還是功德做得太小？通常家屬不會這樣說，會這樣說是同業啊！像我們本身我們不會講人家，要有職業道德，沒有辦法證明人家說的是假的，我們不會做這種事情，一般遇到這種事情也不多啊！連自己同行的都不會這麼做了，會這麼做的一定是很外行的啊！會跟家屬溝通是什麼樣的情況，來做調整，來看家屬的特性來做反應。功德不夠再來做，或者是說我們會往那原因的源頭找出來，

附　錄

來做一個改善。其實做我們這一行的臨場反應很重要，遇到一些比較沒有話的家屬好處理，但如果遇到一些無理的就不好說，我們就要想辦法轉一下。基本上大概是這樣，還是會看那個家屬到底是什麼樣的狀況而定，例如家屬夢見過世的父母親，我會說祂們在想你啊！那個爸爸媽媽是在保佑你，那個就帶過了啊！通常我們都會講正面，就是讓他比較安心，夢跟現實是相反的，祂愈猙獰代表祂愈慈祥，祂都猙獰了你們還不做嗎？怎麼講都可以通啊，我們都是講比較正面的。」

生命關懷事業叢書

從殯葬服務的角度探討道教做七的科儀問題

作　　者	/ 鄭茂祥
出 版 者	/ 揚智文化事業股份有限公司
發 行 人	/ 葉忠賢
總 編 輯	/ 閻富萍
地　　址	/ 新北市深坑區北深路三段 258 號 8 樓
電　　話	/ 02-8662-6826
傳　　真	/ 02 2664 7633
網　　址	/ http://www.ycrc.com.tw
E-mail	/ service@ycrc.com.tw
I S B N	/ 978-986-298-447-5

初版一刷／2025 年 5 月
定　　價／新台幣 350 元

＊本書如有缺頁、破損、裝訂錯誤，請寄回更換＊

國家圖書館出版品預行編目（CIP）資料

從殯葬服務的角度探討道教做七的科儀問題
= Exploring the rituals issues of Taoist "zua ci" from the perspective of funeral service / 鄭茂祥著. -- 初版. -- 新北市：揚智文化事業股份有限公司, 2025.05
　面；　公分. -- (生命關懷事業叢書)

ISBN 978-986-298-447-5（平裝）

1.CST: 喪禮　2.CST: 喪葬習俗　3.CST: 道教儀注　4.CST: 文集

538.607　　　　　　　　　　　114003367